靈籤聖卦

這本最好用

亞洲最大命理網站「占卜大觀園」命理總顧問

陳哲毅◎著

序言

　　每當逢年過節，或是有喜慶時，大家就會去廟裡上香拜拜，祈禱自己能夠平平安安，生活能夠一帆風順，當然不能夠免俗的，會想要抽個籤看看，知道一整年的運勢如何。傳統籤詩的範圍包羅萬象，像是事業、財運、婚姻、健康、旅遊、住宅……等，幾乎所有生活的經驗，都收納在籤詩裡面，利用人物故事、歷史典故、忠孝節義、道德勸善、因果災禍，來替人們指點一個方向。但隨著時代的演變，社會的變遷，對於現實的沉重壓力，人們往往會遇到阻礙，心情鬱悶不得紓解，又毫無頭緒的時候，這時候就很容易求神問卜，作為參考的依據，因此產生問題時，就會跑去廟裡求籤，而不會等到固定節慶，或是選擇特別的日子才去。

　　不過社會步調繁忙，人們的時間很寶貴，有時無法抽出空閒，親自前往廟裡求籤，又常常會因瑣事纏身，不曉得該怎麼辦，但隨著科技的進步，網路資訊的發達，空間與時間不再是問題，人們可以藉著科技的發達，享受所帶來的便利，以往一切的民俗活動，都可以在網路上使用並

得到妥善的服務。像是十二生肖的流年，太歲就要點光明燈或是點其他的類型；或是個人運勢的祭改、小兒收驚、鎮邪除煞、亡者超渡、嬰靈往生……等，這些你想得到的範圍，現在都可以透過網路隨時隨地觀看，人不用親自到現場，也能夠來辦完心願。

有鑑於此，所以推出這本靈籤解說，來便利大家的時間。本書的特點，除了詳細白話解說，讓你不用推敲半天，就能明白其中涵意，立刻知道自己的處境，再做出相關的因應；再者，隨書附贈光碟，可以上網連線，自己親自動手，透過電腦來抽求籤，以節省時間。也許有人會問說，這樣是否準確？或是會不會對神明不敬，其實「心誠則靈」，凡事只要行的正，光明正大的話，仙佛菩薩就會保佑，而針對你求的問題，給一個明確的指示，這點是大家不用煩惱的。

再來關於這本靈籤的推出，要感謝好幾位前輩、同好的幫忙，以及各方人士的提拔牽成。

吳明修老師

感謝吳老師長期的關懷，並且不吝嗇指導，讓哲毅能

3

受益良多，特別是吳老師，也擔任諸多廟宇的顧問，因此對靈籤解說的推出，也抱持相當肯定的態度。

南投竹山惠王宮

李氏兄弟，李春松、李信志兩人的指點切磋，春松兄擅長於卦理，能夠直斷吉凶，讓我對卦理有更多的了解；而信志兄對於藥草醫理的了解，更是讓我大開眼界，其診斷醫療的手法更是獨一無二，在觀看他人面相氣色，開出對症下藥的藥草後，更運用「符籙」之學來加強療效，在讚嘆之餘，也使得哲毅不時拜訪請益，對於所學有更多啟發精進，而豐富了本書的內容。

基隆普化警善堂

透過簡火土道長的幫忙，明白寺廟的運作情況，願意分享心得感想，讓靈籤的內容更加豐富。特別是簡火土道長為乩身，是「關聖帝君」的代言人，前幾次「關聖帝君恩師」親自降筆賜序，對於哲毅的姓名學讚譽有佳，並且點明開破不少人生道理，而出版面相學、手相學時也都寫序，來勉勵哲毅認真精進，宏揚更多五術學識，這次這本靈籤解說的推出，也承蒙恩師的指點下，才能夠順利的推

出。

龜山北靈宮

　　在民間信仰習俗當中，玄天上帝廣為人知，而且信徒十分眾多，但您可能不知道，亞洲最大的玄天上帝雕塑，就剛好座落於台灣，在桃園龜山鄉的北靈宮，神尊共有二十公尺，相當於八層樓的高度，十分的威武莊嚴，讓人們相當讚嘆。而北靈宮的位置，在青龍嶺的主峰上，左青龍、右白虎、前朱雀、後玄武，四靈共同守護，優越的地理環境，隱含著山水靈氣，是塊極佳的聖地，由於相當的靈驗，來往的信眾很多。而主持潘師兄，也就「玄靈師尊」，受玄天上帝教誨，冥冥之中的指引，決心要宏揚道法，憑著堅毅的精神，以及信眾的努力，於是才有「北靈宮」的誕生。北靈宮經常舉辦法會祭典，除了祈求國泰民安外，也順便幫人消災解厄，平常更有問事服務、靈籤卜卦，專門解答個人疑惑，並增補運勢，以化解凶煞。因為先天環境寬廣，北靈宮的附屬設施，從停車場、餐廳、講堂、到禪房、休息室設備齊全，很適合全家出遊，共同來休閒觀光，並且能感應自然磁場，無形中開啟個人的智

慧，消除煩惱與障礙，讓人生朝向光明、平順而行。

紅螞蟻圖書公司：李錫東總經理

在經濟情況這麼不景氣的時候，願意在背後大力支持贊助，並且加以推動叮嚀照顧，從姓名學開始，一直到面相學、手相學，到現在又有靈籤解說的推出，讓哲毅非常的感懷在心，希望本書的積極推出，讓大家解決人生疑惑，並從當中能得到啟示。

占卜大觀園：嚴立行總經理

靈籤的光碟程式設計，全部經由占卜大觀園協助包辦，感謝參與的工程師、相關人員，以及嚴總經理的支持愛護，讓大家可以透過網路，上網自己動手求財運籤，而屬於免費的性質，不用在到廟裡祈求，減少路途的來回奔波。

個人的網站也已經成立，呈現出多樣化的面貌，並且不斷的在成長茁壯當中，哲毅實在是非常感動欣慰，也希望能夠繼續奮鬥打拚，讓傳統五術能夠宏揚世界，不辜負大家的期待盼望。資料庫網址：http://www.eproname.com/

目 錄

靈籤聖卦，這本最好用

目錄

壹、關聖帝君靈籤簡介

關聖

關聖帝君（生意界尊稱為武財神之一，書香門第尊稱為五文昌之一）是三國時蜀漢的大將軍，為人正義凜然、盡忠效主，後人稱譽關羽一生行事，五德兼備。五德指的是：「千里尋兄之仁、華容釋曹之義、秉燭達旦之禮、水淹七軍之智、單刀赴會之信」。

關羽忠、義、勇、武的種種品格操守，為歷代王朝的皇室所倡導。所以在各個歷史時期，皇帝們都不約而同的為關羽追謚各種封號。被尊為「武聖」，與「文聖」孔子並稱。甚至直到今日，商賈景仰其忠信之心，大多予以奉祀，並尊稱「關聖帝君」。不少人包括警察均遵從拜關公的風俗。

聖

君

12

壹、關聖帝君靈籤簡介

　　關聖帝君，世人一般尊稱為關公，姓關，名羽，字雲長。由於歷代封號不同，像有關帝爺、武聖帝君、山西夫子、文衡聖帝、協天上帝、伏魔大帝等，而台灣則稱作「恩主公」。信眾非常眾多又虔誠，特別是商人最為信仰，一般來說，儒、釋、道三教的信徒都供奉祂。

　　關羽自幼承習家學，喜歡閱讀《左氏春秋》及《易傳》，從小就培養忠孝正直之氣，容貌雄偉、氣勢逼人，讓別人見到的時候，不由得肅然起敬。昔日三國時代，在十六歲的時候遇見劉備、張飛，彼此就義結金蘭於桃園，劉備為大哥、關羽為二弟、張飛為三弟，有桃園三結義之誓言，曰：「不求同年同月同日生，但求同年同月同日死」。而後漢靈帝末年，黃巾賊開始作亂，就隨著劉備起義討伐，展開軍旅的生涯，一直到天下三分後，就被東吳孫權採用呂蒙之計，擊破關公領軍於荊州，敗走麥城之後，就被奸人所害，而後被受封為神。關公一生堅守智、

仁、勇節操，充分表現出忠義精神，在其慷慨就義後，民眾就建廟供奉，成爲世人崇拜的英雄，爲保護人民的神祇。

由於關羽生前精通理財，擅長會計業務，並自行發明《日清簿》，爲現今商人所使用的流水帳，是很便利且清楚的記帳方法，關羽被視爲會計專家，所以成爲做生意的人必須信奉的財神；又關羽重視義氣跟信用，保證商品童叟無欺，跟土地公同樣保佑生意興隆、招財進寶，香火興盛、歷久不衰。除此之外，有文關公跟武關公的差別，文關公就是手拿春秋，多半是商業在供奉，而武關公是騎馬拿刀，是業務人員或是警局在供奉。

此外據說演關公戲劇，不同於一般戲劇，必須要特別的注意，那就是扮演關公的演員，在演戲前一星期必須淨身，不能夠行房事，演戲的時候，要在後台供奉關公的神位，並且焚香禮拜，不可以隨便亂說話，否則將會發生事情。

靈籤說明與案例導讀

關於靈籤的由來，若有前往寺廟拜拜，就會知道那是

什麼，其實也就是占卜問卦，只不過對象不相同，內容項目也不同，一般人都會好奇想抽籤，不然就是在遭遇到困難，或是有難以決定的事情，想請求神明指點，在從前的社會中，對於信仰相當虔誠，所以抽籤是重大的事，絕對不可以馬虎，必須要準備牲禮，鮮花五果，並且焚香禱告，然後再利用擲筊的結果，來確定能否抽籤，以及確定抽到的籤，就是神明所要傳達的旨意。而現在人雖然文明，很多事能自行處理，很少有機會到廟裡抽籤，或者根本沒時間前往，但人難免會有疑惑，陷入無助的情況，這時就可以利用靈籤，來幫助我們解答疑惑，或許就會有幫助。

靈籤的使用除了傳統的方式，也就是擲筊抽籤之外，也有很多種方式，只要是心誠就會靈驗，而不用太在意形式。以下提供的方式，適用於各種靈籤，內容只是作為參考，而不是說一種靈籤只能有一種方式，或特定方式才能使用。

案例一：關聖帝君靈籤

首先準備一本日曆，利用上面的日期來抽籤。

15

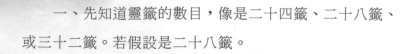

一、先知道靈籤的數目，像是二十四籤、二十八籤、或三十二籤。若假設是二十八籤。

二、接著利用年月日的地支來求十位數，看現在的時間為何，子年為1、丑年為2、寅年為3、卯年為4、辰年為5、巳年為6、午年為7、未年為8、申年為9、酉年為10、戌年為11、亥年為12，月跟日也是相同。假設是乙酉年戊子月丙辰日，就是10+1+5=16，將16除以3，得出餘數1，那麼十位數就是1。(若整除的話就等於0)

三、接著利用年月日時的地支來求個位數，看現在的時間為何，子時為1、丑時為2、寅時為3、卯時為4、辰時為5、巳時為6、午時為7、未時為8、申時為9、酉時為10、戌時為11、亥時為12。假設是乙酉年戊子月丙辰日癸巳時，就是10+1+5+6=22，將22除以10，得出餘數2，那麼個位數就是2。(若整除的話就等於0，但若十位數跟個位數都是0時，就必須要重新抽籤)

四、尋找關聖帝君靈籤第十二，並依照所求事項，來觀看靈籤解答。

五、假設是詢問【財運投資】，則靈籤解答如下：

第十二首　下　孫臏遇龐涓

今年好事一番新　榮華富貴萃汝身

誰識機關難料處　到頭獨立傷轉神

籤曰：

最近財運方面，剛開始還不錯，但要見好就收，千萬不要執迷不誤，否則將會付諸流水，而得不到什麼好處。若有合夥投資的話，朋友煽動的言詞，打動了你的心意，但其實是場騙局，對方會圖謀不軌，應該要停止投資。想要借貸週轉的話，問題阻礙非常多，很難一下子解決，會有拖延的情況，讓你非常的煩惱。

案例二：關聖帝君靈籤

首先準備一本日曆，利用上面的日期來抽籤。

一、先知道靈籤的數目，像是二十四籤、二十八籤、或三十二籤，若假設是二十四籤。

二、接著利用年月日的地支來求十位數，看現在的時間為何，子年為1、丑年為2、寅年為3、卯年為4、辰年為5、巳年為6、午年為7、未年為8、申年為9、酉年為

10、戌年爲11、亥年爲12，月跟日也是相同。假設是丙戌年庚寅月庚辰日，就是11+3+5=19，將19除以3，得出餘數1，那麼十位數就是1。(若整除的話就等於0)

三、接著利用年月日時的地支來求個位數，看現在的時間爲何，子時爲1、丑時爲2、寅時爲3、卯時爲4、辰時爲5、巳時爲6、午時爲7、未時爲8、申時爲9、酉時爲10、戌時爲11、亥時爲12。假設是丙戌年庚寅月庚辰日壬午時，就是11+3+5+7=26，將26除以10，得出餘數6，那麼個位數就是6。(若整除的話就等於0，但若十位數跟個位數都是0時，就必須要重新抽籤)

四、尋找關聖帝君靈籤第十六籤，並依照所求事項，來觀看靈籤解答。

五、假設是詢問【工作求職】，靈籤解答如下：

第十六首　上　王孝先還妾贈金

祖宗積德幾多年　源遠流長慶自然

若更操修無捲己　天涯還沒就青檀

籤曰：

工作運勢方面，上班族的人，因爲本身人緣好，又懂

得溝通商量，主管非常的賞識，會給你表現機會，要好好珍惜才是。當老闆的人，基礎的實力深厚，又經過幾年闖蕩，現在還小有名氣，應該要繼續維持，追求更高的理想。想求職的話，若太計較待遇，而不拿出誠意，就會宣告失敗，反之，則會受到禮遇而成功。

案例三：關聖帝君靈籤

首先準備一本日曆，利用上面的日期來抽籤。

一、先知道靈籤的數目，像是二十八籤、或三十二籤。若假設是二十四籤。

二、接著利用年月日的地支來求十位數，看現在的時間為何，子年為 1、丑年為 2、寅年為 3、卯年為 4、辰年為 5、巳年為 6、午年為 7、未年為 8、申年為 9、酉年為 10、戌年為 11、亥年為 12，月跟日也是相同。假設是丙戌年庚寅月壬午日，就是 11+3+7=21，將 21 除以 3，得出餘數 0，那麼十位數就是 0。(若整除的話就等於 0)

三、接著利用年月日時的地支來求個位數，看現在的時間為何，子時為1、丑時為2、寅時為3、卯時為4、辰時為5、巳時為6、午時為7、未時為8、申時為9、酉時為

10、戌時為11、亥時為12。假設是丙戌年庚寅月壬午日乙酉時，就是11+3+7+10＝31，將31除以10，得出餘數1，哪麼個位數就是1。(若整除的話就等於0，但若十位數跟個位數都是0時，就必須要重新抽籤)

四、尋找關聖帝君靈籤第一籤，並依照所求事項，來觀看靈籤解答。

五、假設是詢問【健康旅遊】，靈籤解答如下：

第一首　上　十八學士登瀛洲

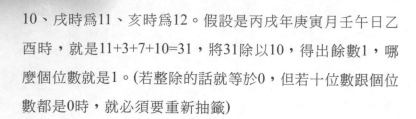

巍巍獨步向雲間　玉殿千官第一班
富貴榮華天付汝　福如東海壽如山

籤曰：

在健康狀況上，目前身體沒有毛病，只需要好好調養，按照正常的作息，就不會發生任何疾病。若問求醫的話，由於吉人天相，上天願意幫忙，將能夠遇到名醫，經過一段時間治療，最後病情能夠好轉。遠行旅遊方面，出門可以平平安安，快快樂樂，過程都相當的順利，沒有什麼阻礙煩惱，儘管放心去玩就可以。

關聖帝君靈籤（健康旅遊）

第一首　上　十八學士登瀛洲

巍巍獨步向雲間　玉殿千官第一班

富貴榮華天付汝　福如東海壽如山

籤曰：

　　在健康狀況上，目前身體沒有毛病，只需要好好調養，按照正常的作息，就不會發生任何疾病。若問求醫的話，由於吉人天相，上天願意幫忙，將能夠遇到名醫，經過一段時間治療，最後病情能夠好轉。遠行旅遊方面，出門可以平平安安，快快樂樂，過程都相當的順利，沒有什麼阻礙煩惱，儘管放心去玩就可以。

第二首　中　呂蒙正守困

子有三般不自由　門庭蕭索冷如秋

若逢牛鼠交承日　萬事回春不用憂

籤曰：

　　在健康狀況上，事情會比較繁雜，身體會比較操勞，所以自己要注意，平常就需要調養，才不會累出病來。若

問求醫的話，要配合醫生的指示，不要太自做主張，而隨便忽視勸告，那對於病情來說，是沒有任何好處的。遠行旅遊方面，現在的情況不妥，特別是在經濟方面，但若你執意要成行，還是不會有什麼問題。

第三首　下　張翰憶鱸魚

去年百書可相宜　若較今年時運衰
好把瓣香告神佛　莫教福謝禍無追

籤曰：

在健康狀況上，比起去年來說的話，今年毛病會比較多，要能注意天氣變化，愛惜自己的身體。若問求醫的話，病情會漸漸嚴重，目前醫藥會失效，應該趕快更換醫院，尋找更高明的醫生，才能夠挽救病情。遠行旅遊方面，出發時會很順利，但到了當地之後，由於人生地不熟，會被小人給算計，要特別謹慎注意。

第四首　上　呂洞賓煉丹

仙風道骨本天生　又遇仙宗為主盟
指日丹成謝巖谷　一朝引領向天行

籤曰：

在健康狀況上，很少有災禍發生，全賴平常的虔誠，最好繼續來保持，就能夠平安無事。若問求醫的話，命中福星高照，將會有所轉機，病情在治療以後，明顯會有轉機，可以不用太擔心。遠行旅遊方面，若是要洽談生意，就可以馬上前往，將能夠滿載而歸，若只是觀光的話，行程也可以順暢，而留下美好回憶。

第五首　中　鮑叔牙薦管仲

營為期望在春前　誰料秋來又不然

直遇清江貴公子　一生活計始安全

籤曰：

在健康狀況上，要能聽從人家的勸告，而不是一直固執己見，等到大難臨頭的時候，什麼補救也來不及了。若問求醫的話，這是先天的毛病，困擾已經很久了，但最近將會好轉，病情能夠受到控制，暫時不會有危險。遠行旅遊方面，要先考慮荷包，不要衝動行事，若真的要前往，可以跟朋友開口，商借足夠的金額。

第六首　下　相如完璧歸趙

何勞鼓瑟更吹笙　寸步如登萬里程

波此懷疑不相信　休將私意憶濃情

籤曰：

在健康狀況上，原本好好的身體，卻因為不知節制、熬夜逞強，結果就被弄壞了，必須長期服藥來調養。若問求醫的話，因為延誤了送醫，病情變得很嚴重，若不趕快治療，性命恐怕會不保，千萬不要再猶豫。遠行旅遊方面，國外情勢的陌生，會讓人無法掌握，最好先收集資訊，不要貿然的行動，才能夠確保安全。

第七首　上　姜太公釣蟠溪

君金庚申未亨通　且向江頭作釣翁

玉兔重生應發跡　萬人頭上逞英雄

籤曰：

在健康狀況上，曾經受到過創傷，不過細心調養下，已經慢慢的恢復，只要不勉強行事，就不太會有問題。若問求醫的話，必須要更換醫院，尋求最新的技術，配合醫

生的指導下，相信不久就能痊癒。遠行旅遊方面，工作進行順利，心情非常愉快，是可以好好犒賞自己，計劃一趟旅遊的行程，可選擇跟朋友前往。

第八首　中　王羲之坦腹

兩家門戶各相當　不是姻緣莫較量
直待春風好消息　卻調琴瑟向蘭房

籤曰：

在健康狀況上，身體相當硬朗，沒有什麼大礙，只要多加運動，就可保持活力，不容易會生病。若問求醫的話，病情已經控制住，沒有之前那樣糟糕，只要能小心調養，就保證會痊癒。遠行旅遊方面，去到陌生的場所，盡量要有人陪同，不要落單，避免中途發生事故，特別是在晚上，最好是不要外出。

第九首　下　孟郊五十登第

病患時時命寒衰　何湏打瓦共鑽龜
直教重見一陽後　始可求神仗佛持

籤曰：

在健康狀況上，以前就不太理想，因此要懂得休息，做事不能太操勞，否則身體將會出現問題。若問求醫的話，用盡一切的辦法，但卻是藥石罔效，剩下最後一絲希望，只能夠祈禱上天憐憫。遠行旅遊方面，身心有很大的波動，沒有辦法平靜下來，東奔西跑的過程中，讓你顯得勞碌不堪，模樣會相當的狼狽。

第十首　上　李泌七歲賦長歌

　　碧玉池中開白蓮　　莊嚴色相自天然
　　生來骨格超凡俗　　正是人間第一仙

籤曰：

在健康狀況上，從小體格就強壯，而且熱愛運動，所以不用怕生病，因為抵抗力很好，很快就能夠痊癒。若問求醫的話，將會遭遇到貴人，從中幫忙來協調，能獲得較多資源，病情會被控制住，好好養病就可以。遠行旅遊方面，風光明媚的地方，很適合前往遊玩，心情會顯得格外輕鬆，自然而然就能夠消除疲勞。

第十一首　中　王祐植三槐

知君指擬是空華　底事茫茫未有涯
牢把腳根踏實地　善爲善應永無差

籤曰：

在健康狀況上，時間的安排上，應該要妥善分配，而有運動的時間，身體才會強壯，能夠遠離疾病。若問求醫的話，要尋找高明的醫生，病情才會有所起色，若太固執不肯更換，那麼就沒辦法痊癒。遠行旅遊方面，凡事要腳踏實地，不要只做白日夢，若果有想要旅遊的景點，就應該好好的規劃，來達成自己的願望。

第十二首　下　孫臏遇龐涓

今年好事一番新　榮華富貴萃汝身
誰識機關難料處　到頭獨立傷轉神

籤曰：

在健康狀況上，因爲過度工作的關係，飲食和睡眠都不正常，身體早就超過負荷，自己要能夠注意才好。若問求醫的話，徵兆一直都存在，只是你太過輕忽，現在病情已經加劇，恐怕不容易完全治癒。遠行旅遊方面，若是登山或戲水，要注意天氣變化，也不要有冒險的舉動，才能

保證平平安安，能夠真正遠離危險。

第十三首　上　司馬題橋

公侯將相本無種　好把勤勞契上天

人事盡從天理見　才高豈得困林泉

籤曰：

在健康狀況上，先天的體質健壯，能承受得了操勞，所以沒什麼問題，只要懂得運動或飲食調養，就可以遠離疾病。若問求醫的話，病情相當的嚴重，但只要誠心祈禱，已經積極的治療，就會有轉機出現，將可以恢復健康。遠行旅遊方面，行程計劃不順利，會有拖延的現象，但最後還是解決了，能快快樂樂出遊。

第十四首　中　端木結四連騎

一春萬事苦憂煎　夏裏營求始帖然

更遇秋成冬至後　恰如騎鶴與腰纏

籤曰：

在健康狀況上，要打拚人生事業，就要能注意身體，不然就算賺到財富，也會賠上健康。若問求醫的話，剛開

始很危急，隨時都會不測，但經過搶救後，已經穩定下來，需要長時間的調養，就可以出院。遠行旅遊方面，危險的活動就取消，不要勉強自己參加，才不會中途發生意外，而徒留下人生的遺憾。

第十五首　下　張耳陳餘交

一見佳人便喜歡　誰知去後有多般

人情冷暖君休訝　歷涉應知行路難

籤曰：

在健康狀況上，要鍛鍊身體，就要每天運用，光靠嘴巴說說，是不切實際的。若問求醫的話，平常的行為不檢，又不愛聽從勸告，現在落得這下場，病情相當的嚴重，全都是咎由自取，沒辦法去怨別人。遠行旅遊方面，瑣碎的事情太多，時間上無法抽空，應該要放棄行程，改天再好好計劃，這樣會比較理想。

第十六首　上　王孝先還妾贈金

祖宗積德幾多年　源遠流長慶自然

若更操修無捲己　天須還汝就青檀

籤曰：

在健康狀況上，爲了爭取好成績，所以拚命的努力，但也要顧及身體，才不會因爲疲倦而病倒。若問求醫的話，病情目前算穩定，但不可以太操勞，要好好的來調養，最後能夠去拜神，以獲得上天保佑。遠行旅遊方面，可以跟朋友商量，一起前往去觀光，能夠彼此互相照應，也可以趁機聯絡感情，是滿不錯的選擇。

第十七首　中　芙蓉鏡下及第

寅午戌年多阻滯　亥子丑月漸亨嘉
待逢玉兔金雞會　枯木逢春自放花

籤曰：

在健康狀況上，你會比較辛苦，但不用太怨嘆，做多少算多少，身體才是最重要的財富。若問求醫的話，跟醫生產生不合，彼此意見會衝突，應該先冷靜下來，不要衝動行事，以避免影響病情，那就得不償失了。遠行旅遊方面，行動暫時不用太急，先做好份內的工作，等到有空閒的時候，再好好的規劃打算。

第十八首　下　田氏紫荊再榮

官事悠悠難辨明　不如息了且歸耕

旁人煽惑君休信　此事當謀親兄弟

籤曰：

在健康狀況上，要趕快愛惜身體，不要沉迷於酒色，否則神仙也救不了你。若問求醫的話，病情上沒有起色，一直在拖延當中，但也不要太過心急，而聽信人家的偏方，對於治療會有影響，痊癒恐怕更加困難。遠行旅遊方面，明知道自己不適合出遠門，會造成龐大的經濟負擔，若還是執意出去，只會更加的痛苦。

第十九首　上　謝安石東山高臥

功名富貴自能為　偶著先鞭莫問伊

萬里鵬程君有分　吳山頂上好鑽龜

籤曰：

在健康狀況上，只要自己節制，減少應酬機會，就不會出現問題。若問求醫的話，醫生會盡其所能，用各種辦法醫治，你就不用太擔心，一切就順其自然，相信上天會保佑，不會有什麼問題。遠行旅遊方面，凡事想得太複

雜，反而會阻礙自己，不懂就請教別人，比較能進入狀
況，在旅行的行程上，也能夠熟悉掌握。

第二十首　中　柳毅傳書

　　奉公謹守莫欺心　　自有亨通吉利臨
　　目下營求且休矣　　秋期與子定佳音

籤曰：

　　在健康狀況上，只要按時運動，保持睡眠充足，就不
會產生毛病，還能夠獲得健康，擁有充沛的體力。若問求
醫的話，若病情不是很嚴重，就不要輕易的開刀，用藥物
來控制就好，以避免手術的風險。遠行旅遊方面，會遇到
阻礙刁難，途中不是很愉快，但不至於會有危險，不過還
是低調行事，比較能夠平安順利。

第二十一首　下　虞爭間田

　　田園價貴好商量　　事到公庭波此傷
　　縱使機關圖得勝　　定爲後世子孫殃

籤曰：

　　在健康狀況上，情緒非常的高張，會顯得焦躁不安，

多半是跟人家爭吵，而讓精神無法穩定，要能夠平心靜氣才行。若問求醫的話，病情發現的太晚，已經很難治療好，也只能自求多福，不要有太大期望，一切都順其自然。遠行旅遊方面，爲了商量前往的地點，彼此溝通出現摩擦，大家都會耍脾氣，計劃恐怕暫時要取消。

第二十二首　上　漢光武陷昆陽

新來換得好規模　何用隨他步與趨
只聽耳邊消息好　崎嶇歷盡見亨衢

籤曰：

在健康狀況上，會有宿疾纏身，一直都沒痊癒，但最近會遇到名醫，病情有了明顯的改善。若問求醫的話，聽從醫生的指示，自己要能夠配合，經過一段時間，自然就有好消息，不久之後，健康就會恢復。遠行旅遊方面，雖然過程有阻礙，但由於心甘情願，算是完成了夢想，所以會勇往直前，但是要小心謹愼。

第二十三首　中　莊子慕道

不分南北與西來　眼底昏昏耳似聾
熟讀黃庭經一卷　不論貴賤與窮通

籤曰：

在健康狀況上，心情要保持開朗，不要跟人有爭吵，盡量找時間運動，或是安靜的閱讀，對你都會很有幫助。若問求醫的話，有病就要去醫治，若不好意思前往，病情嚴重的時候，受苦的還是自己，叮嚀要牢記在心才好。遠行旅遊方面，自己一個人，而沒有同伴，因此最好打消念頭，等招集足夠的人數以後再行規劃。

第二十四首　下　嚴子陵登釣臺

一生心事向誰論　十八灘頭說與君
世事盡從流水去　功名富貴等浮雲

籤曰：

在健康狀況上，工作相當辛苦，但收穫卻不多，長期憂心勞碌的結果，身體會出現慢性疾病，要能注意才好。若問求醫的話，病情一直加深，醫療沒什麼效果，應該有心理準備，凡事不用太強求，只能夠聽天由命。遠行旅遊方面，若團體行動的話，盡量要跟緊一點，以避免中途落單，不小心迷路，而發生了意外。

第二十五首　上　李固柳汁染衣

自南自北自東西　欲到天涯誰作梯

遇鼠逢牛三弄笛　好將名姓榜頭題

籤曰：

在健康狀況上，身體狀況非常良好，精神顯得很飽滿，充滿光彩，說什麼、做什麼都相當順利。若問求醫的話，會遇到良好醫生，對方的醫術高超，病情將會有起色，很快就可以痊癒，不會為疾病所苦，遠行旅遊方面，出門能不安順利，若覺得時間空閒，不妨安排去旅遊，跟家人或朋友聚聚，聯絡彼此的感情。

第二十六首　中　陳平亡歸漢

一紙官書火急催　扁舟東下浪如雷

雖然目下多驚險　保汝平安去復回

籤曰：

在健康狀況上，情緒會比較急躁，精神顯得很緊張，最好是學習放鬆，否則將憂鬱成疾、造成困擾。若問求醫的話，若目前沒有危險，就保持原來狀態，遵照醫生的指示，病情應該會好轉。遠行旅遊方面，沒什麼時間休閒，

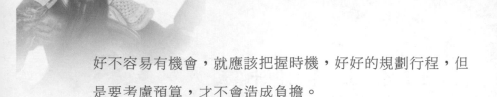

好不容易有機會，就應該把握時機，好好的規劃行程，但是要考慮預算，才不會造成負擔。

第二十七首　下　張子房遺跡

波此居家只一山　　如何似隔鬼門關
日月如梭人易老　　許多勞碌不如閒

籤曰：

在健康狀況上，工作太過於操勞，身體機能會衰退，若不好好保養身體，恐怕會變成大病。若問求醫的話，病情會時好時壞，暫時還不能控制，必須要配合治療，才有痊癒的希望。遠行旅遊方面，對於危險的地區，就應該聽從建議，不要前往，否則中途出意外，就不能夠怪別人，只能說自己倒楣。

第二十八首　上　牛宏不聽射牛

人說今年勝去年　　也須步步要周旋
一家和氣多生福　　簧菲讒言莫聽偏

籤曰：

在健康狀況上，出外要和氣生財，不要跟人起口角，以避免招惹糾紛，自然心情愉快，沒有什麼毛病。若問求

醫的話，原本嚴重的病情，經過長時間修養，已經漸漸的恢復，沒有什麼大礙了。遠行旅遊方面，要親自比較服務，而不要貪小便宜，對於別人的言語，必須要深入的查證，才不會花冤枉錢，但卻得不到滿意的旅遊品質。

靈籤聖卦，這本最好用

關聖帝君靈籤（財運投資）

第一首　上　十八學士登瀛洲

> 巍巍獨步向雲間　玉殿千官第一班
> 富貴榮華天付沒　福如東海壽如山

籤曰：

　　最近財運方面，無論到哪裡，人緣都非常好，事情也都順心如意，只要按照計劃去做，應該都有好結果，而能夠賺進財富。若合夥投資的話，旁邊的朋友都支持你，得到很多額外的幫助，可以選擇自行創業，將可以成功的發展。想要借貸週轉的話，目前沒這個需要，若是別人來借錢，還可以商量，而沒有什麼問題。

第二首　中　呂蒙正守困

> 子有三般不自由　門庭蕭索冷如秋
> 若逢牛鼠交承日　萬事回春不用憂

籤曰：

　　最近財運方面，本身收入平平，沒有額外進帳，想要多賺點錢，卻苦惱沒管道，最好是靜觀其變，不要太衝動

行事。若有合夥投資的話，現在情勢不利，沒有人會看好，但只要你不放棄，堅持自己的理念，一定能夠有成果。想要借貸週轉的話，週轉不是很順利，調度需要花時間，不過還是能成功，暫時能度過危機。

第三首　下　張翰憶鱸魚

去年百書可相宜　若較今年時運衰
好把瓣香告神佛　莫教福謝禍無追

籤曰：

最近財運方面，文書契約的來往，內容都要看清楚，簽字要特別小心，以免到時後悔莫及。若有合夥投資的話，情況剛開始還不錯，以為有利可圖，而投入大筆的資金，但最後卻宣告失敗，欠了一屁股債。想要借貸週轉的話，若自己急需用錢，到處都會碰壁，沒有人願意伸出援手，因為你的信用實在太差。

第四首　上　呂洞賓煉丹

仙風道骨本天生　又遇仙宗為主盟
指日丹成謝巖谷　一朝引領向天行

籤曰：

最近財運方面，有不錯的創意點子，但應該要付諸行動，才能夠有一番作為，把個人理想轉化成實際利益。若有合夥投資的話，會有貴人來幫忙，指點許多的明路，應該要心存感激，當投資成功之後，要懂得報答回饋。想要借貸週轉的話，原本沒有什麼消息，但中途有轉機出現，能順利的借到錢，化解週轉的困難。

第五首　中　鮑叔牙薦管仲

營為期望在春前　誰料秋來又不然
直遇清江貴公子　一生活計始安全

籤曰：

最近財運方面，會有額外的金錢支出，但不曉得什麼時候會回收，所以最近要能量入為出，生活會比較有保障。若合夥投資的話，很需要別人的參與，否則很難獨立運作，應該找熟識的朋友，比較能信賴與合作。想要借貸週轉的話，若真的有什麼困難，不要一個人來承擔，可以跟朋友來開口，應該就會獲得幫助。

第六首　下　相如完璧歸趙

何勞鼓瑟更吹笙　寸步如登萬里程

波此懷疑不相信　休將私意憶濃情

籤曰：

最近財運方面，奔波勞碌了很久，收入卻相當微薄，心裡會產生不滿，但也只能無奈的接受事實。若有合夥投資的話，跟人家談妥之後，就不要一再懷疑，不然人家恐翻臉，不願意繼續再合作，那將造成不少損失。想要借貸週轉的話，公歸公、私歸私，不要因為個人情感，影響到團體的利益，結果會得不償失。

第七首　上　姜太公釣蟠溪

君金庚申未亨通　且向江頭作釣翁

玉兔重生應發跡　萬人頭上逞英雄

籤曰：

最近財運方面，有慢慢好轉的趨勢，收入也漸漸增加中，只要不過度貪心，就可以順利累積財富。若有合夥投資的話，已經計劃了很久，而沒有什麼問題，現在是時候實行，不要再拖延下去，不然情況恐怕會有變數。想要借

靈籤聖卦，這本最好用

貸週轉的話，因為別人的介紹，讓你建立不少人脈，可以好好的利用，來解決自己的困難。

第八首　中　王羲之坦腹

> 兩家門戶各相當　不是姻緣莫較量
> 直待春風好消息　卻調琴瑟向蘭房

籤曰：

　　最近財運方面，費盡心思想賺錢，但由於環境變遷，出現太多的變數，讓原本預定的獲利，會剩下不到一半左右。若有合夥投資的話，要能夠開誠佈公，來獲得對方信任，這樣的合作關係，才能夠長久穩固，不至於中途生變。想要借貸週轉的話，可以跟親戚商量，成功機率較大，但金額不宜過多，以避免超過負擔。

第九首　下　孟郊五十登第

> 病患時時命寒衰　何湏打瓦共鑽龜
> 直教重見一陽後　始可求神仗佛持

籤曰：

　　最近財運方面，因為身體的不適，在醫療上花了不少

錢，手頭上暫時會比較緊。若合夥投資的話，暫時用不著考慮，因爲景氣不理想，就算拚命的去做，也發揮不了效果，還是耐心的等待，會比較保存實力。想要借貸週轉的話，會陷入困境當中，但朋友卻不幫忙，反而會落井下石，讓你覺得相當的心寒。

第十首　上　李泌七歲賦長歌

碧玉池中開白連　莊嚴色相自天然
生來骨格超凡俗　正是人間第一仙

籤曰：

最近財運方面，家境原本就富裕，加上自己的努力，很快就會有成績，不用擔心錢的問題，生活顯得十分愉快。若合夥投資的話，可以尋找人才合作，借用他人的專長與經驗，除了可以省下時間，也能獲得人際關係。想要借貸週轉的話，先詢問家人朋友的意見，看是否眞有這個必要，再決定下一步該怎麼行動。

第十一首　中　王祐植三槐

知君指擬是空華　底事茫茫未有涯
牢把腳根踏實地　善爲善應永無差

籤曰：

最近財運方面，做事情腳踏實地，就算會遇到困難，也會有人來幫忙，用不著太過擔憂，一切會順利進行。若有合夥投資的話，先前的合作計劃，已經進入了尾聲，成果相當不錯，會有可觀的進帳，可以好好的規劃。想要借貸週轉的話，跟人家開口要求，對方多半會答應，但要能如期的歸還，以後才會有得商量。

第十二首　下　孫臏遇龐涓

今年好事一番新　榮華富貴萃沒身
誰識機關難料處　到頭獨立傷轉神

籤曰：

最近財運方面，剛開始還不錯，但要見好就收，千萬不要執迷不誤，否則將會付諸流水，而得不到什麼好處。若有合夥投資的話，朋友煽動的言詞，打動了你的心意，但其實是場騙局，對會方圖謀不軌，應該要停止投資。想要借貸週轉的話，問題阻礙非常多，很難一下子解決，會有拖延的情況，讓你非常的煩惱。

第十三首　上　司馬題橋

公侯將相本無種　好把勤勞契上天

人事盡從天理見　才高豈得困林泉

籤曰：

最近財運方面，經過一段時間的困苦，現在終於否極泰來，好運突然降臨身上，會獲得額外的財富，但要懂得規劃才行。若有合夥投資的話，先做好市場調查，以及相關的準備，並且多拉攏人脈，等到時機成熟時，就有意想不到的收穫。想要借貸週轉的話，把借到的金錢，要用在正途上，這樣的努力，才會有成果。

第十四首　中　端木結四連騎

一春萬事苦憂煎　夏裏營求始帖然

更遇秋成冬至後　恰如騎鶴與腰纏

籤曰：

最近財運方面，時機不是很好，賺到的錢不多，但只要妥善的規劃，還是可以創造好成績，全都看你怎麼運用。若有合夥投資的話，凡事要講求效率，才能夠事半功倍，若真的想合夥創業，就應該積極的進行，不要顯得三

心二意。想要借貸週轉的話，可以順利借到小錢，但大錢就比較麻煩，除非有人幫你擔保。

第十五首　下　張耳陳餘交

一見佳人便喜歡　誰知去後有多般
人情冷暖君休訝　歷涉應知行路難

籤曰：

最近財運方面，看見喜歡的東西，就會隨便的亂買，在這樣下去的話，恐怕會負債累累。若有合夥投資的話，原本看好的市場，卻不如預期理想，勞心勞力的結果，勉強能打平開銷，應該重新的檢討，是否要轉換陣地。想要借貸週轉的話，別人的臉色難看，無法順利的借到，自己會覺得難過，但是也沒有辦法。

第十六首　上　王孝先還妾贈金

祖宗積德幾多年　源遠流長慶自然
若更操修無捲己　天須還汝就青檀

籤曰：

最近財運方面，經濟會比較拮据，但父母會幫忙你，

給你一些資金救急，心裡要懂得感恩，錢要好好的珍惜。
若有合夥投資的話，不要貪求快速，想要一步登天，天下
沒白吃的午餐，只有認真的打拚，才是正確的道路。想要
借貸週轉的話，由於平常樂善好施，現在遇到了困難，大
家都願意幫助你，只要肯開口就可以。

第十七首　中　芙蓉鏡下及第

寅午戌年多阻滯　　亥子丑月漸亨嘉

待逢玉兔金雞會　　枯木逢春自放花

籤曰：

最近財運方面，會有起起伏伏的現象，都是因為情緒
的不滿，支出消費比平常要凶，自己要有所節制才行。若
有合夥投資的話，跟對方要保持聯絡，常交換彼此的心
得，這樣彼此的信任才能建立，確保合作的關係穩固。想
要借貸週轉的話，若真的手頭不方便，可以跟朋友借錢，
尤其是異性的朋友，會很願意幫助你。

第十八首　下　田氏紫荊再榮

官事悠悠難辨明　　不如息了且歸耕

旁人煽惑君休信　　此事當謀親兄弟

籤曰：

最近財運方面，家裡面會出現問題，造成親人間不和諧，多半是為了利益，而鬧的不可開交，嚴重影響到感情。若有合夥投資的話，會因為合約的問題，與別人爭吵撕破臉，彼此鬧上法院訴訟，浪費不少時間金錢。想要借貸週轉的話，有親戚來跟你借錢，但要考慮清楚再說，不要隨便答應，否則欠債將收不回來。

第十九首　上　謝安石東山高臥

功名富貴自能為　　偶著先鞭莫問伊

萬里鵬程君有分　　吳山頂上好鑽龜

籤曰：

最近財運方面，認真的工作態度，受到眾人的肯定，所以有機會出頭，擔任重要的領導職務，收入也會隨著增加。若有合夥投資的話，可以到國外去發展，不一定要限制地方，有這樣的世界觀與成功的企圖心，就什麼也不用擔心。想要借貸週轉的話，先打好人際關係，彼此才好商量，而不是隨隨便便就開口。

第二十首　中　柳毅傳書

奉公謹守莫欺心　自有亨通吉利臨
目下營求且休矣　秋期與子定佳音

籤曰：

最近財運方面，出門在外的時候，注意身邊的財物，否則有可能丟掉，造成自己的損失以及許多的不便。若有合夥投資的話，一切都按照規矩，光明正大的行事，才不會被人詬病，進而從中搞鬼，賺取不法的利益。想要借貸週轉的話，恐怕無法如願以償，必須要繼續等待，暫時延緩一切計劃，來度過眼前難關。

第二十一首　下　虞爭間田

田園價貴好商量　事到公庭波此傷
縱使機關圖得勝　定爲後世子孫殃

籤曰：

最近財運方面，跟人家會有口角，彼此都互不相讓，應該要冷靜處理，事情才不會繼續擴大。若有合夥投資的話，條件先要講清楚，白紙黑字爲憑據，到才不會發生問題，卻沒有任何保障，這點必須要牢牢記住。想要借貸週

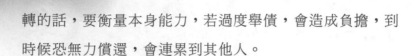

轉的話，要衡量本身能力，若過度舉債，會造成負擔，到時候恐無力償還，會連累到其他人。

第二十二首　上　漢光武陷昆陽

新來換得好規模　何用隨他步與趨
只聽耳邊消息好　崎嶇歷盡見亨衢

籤曰：

最近財運方面，消息靈通的緣故，會知道不少內幕，應該仔細的判斷，說不定會有發財的機會。若有合夥投資的話，做法要主動出擊，來開創新的市場，而不是傻傻等待，機會是需要把握的，才有飛黃騰達的一天。想要借貸週轉的話，必須要能提出保證，人家才會願意相信，否則空口說白話，是沒辦法借到錢的。

第二十三首　中　莊子慕道

不分南北與西來　眼底昏昏耳似聾
熟讀黃庭經一卷　不論貴賤與窮通

籤曰：

最近財運方面，若有任何的計劃，都應該好好評估，

壹、關聖帝君靈籤簡介

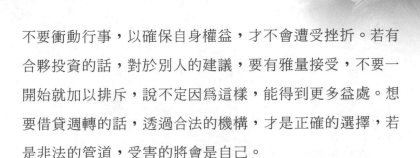

不要衝動行事，以確保自身權益，才不會遭受挫折。若有
合夥投資的話，對於別人的建議，要有雅量接受，不要一
開始就加以排斥，說不定因為這樣，能得到更多益處。想
要借貸週轉的話，透過合法的機構，才是正確的選擇，若
是非法的管道，受害的將會是自己。

第二十四首　下　嚴子陵登釣臺

一生心事向誰論　十八灘頭說與君
世事盡從流水去　功名富貴等浮雲

籤曰：

最近財運方面，由於自己的貪心，想要趕快致富，結
果被人家慫恿，而變成了冤大頭，而導致血本無歸。若有
合夥投資，將進行得很不順利，處處都受到阻礙，會有人
從中破壞，造成不少的損失，要想辦法來擺平，不然就無
利可圖。想要借貸週轉的話，由於信用破產，人際又出問
題，四處奔波都借不到什麼錢。

第二十五首　上　李固柳汁染衣

自南自北自東西　欲到天涯誰作梯
遇鼠逢牛三弄笛　好將名姓榜頭題

籤曰：

最近財運方面，進帳會比以前多，但是要節省花費，不可以因此奢侈，只要能持續努力，情況還將會更好。若有合夥投資的話，彼此能真誠合作，又抓準時機出擊，當然是大有收穫，賺進不少的錢財，還可以繼續經營。想要借貸週轉的話，自己的關係不錯，加上對人有恩惠，別人會伸出援手，幫你解燃眉之急。

第二十六首　中　陳平亡歸漢

一紙官書火急催　扁舟東下浪如雷
雖然目下多驚險　保汝平安去復回

籤曰：

最近財運方面，要懂得知足常樂，若沒有經濟壓力，就不要做妄想的事情。若有合夥投資的話，態度要盡量保守，維持原來的步調，不要因為有變動，就想要主動出擊，這樣反而不是很好。想要借貸週轉的話，自己會奔波勞碌，到處跟人家拜託，才有可能借到錢，但金額不如預期，恐怕還是有困難，必須要另尋他法。

第二十七首　下　張子房遺跡

波此居家只一山　如何似隔鬼門關

日月如梭人易老　許多勞碌不如閒

籤曰：

最近財運方面，手頭顯得比較緊，各方面開銷增加，但收入卻有延遲，讓你非常的擔憂，應及早做好規劃，若有合夥投資的話，彼此合作到一半，中途會有人退出，導致經營出問題，若不趕快的處理，恐怕會倒閉收場。想要借貸週轉的話，金額宜小不宜大，不然將無法負擔，會陷入經濟困境，最好是三思而後行。

第二十八首　上　牛宏不聽射牛

人說今年勝去年　也須步步要周旋

一家和氣多生福　篡菲讒言莫聽偏

籤曰：

最近財運方面，自己的腳步太快，差一點就惹麻煩，幸好貴人的支持，才度過眼前危機，應該要心存感激，並好好反省檢討才是。若有合夥投資的話，尋找適合的地點，並選擇熟悉行業，就可以得心應手，不怕會有所虧

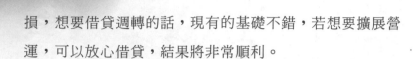

損，想要借貸週轉的話，現有的基礎不錯，若想要擴展營
運，可以放心借貸，結果將非常順利。

關聖帝君靈籤（工作求職）

第一首　上　十八學士登瀛洲

巍巍獨步向雲間　玉殿千官第一班

富貴榮華天付汝　福如東海壽如山

籤曰：

工作運勢方面，上班族的人，只要努力表現，就有機會出頭，如果沒有意外，維持一定水準，那麼有希望升遷加薪，主管會願意重用提拔。當老闆的人，要展現自己的氣魄，凡事要能大刀闊斧，太過於小家子氣的話，恐怕事業沒辦法突破。想求職的話，憑著本身才華，可以自行創業，其他不用擔心，只需要煩惱資金。

第二首　中　呂蒙正守困

子有三般不自由　門庭蕭索冷如秋

若逢牛鼠交承日　萬事回春不用憂

籤曰：

工作運勢方面，上班族的人，現在的情況不佳，工作效率不彰顯，大多是因為鬱卒苦悶，應該休假來調適身

靈籤聖卦，這本最好用

心。當老闆的人，有困難阻礙發生，會讓你寢食難安，應耐心等待時機，事情將出現轉機，不用急著解決。想求職的話，工作不太好找，限制條件又多，自己雖然有信心，但卻也一籌莫展，只能夠等待消息。

第三首　下　張翰憶鱸魚

去年百書可相宜　若較今年時運衰
好把瓣香告神佛　莫教福謝禍無追

籤曰：

工作運勢方面，上班族的人，文書方面要注意，恐怕會出現紕漏，而造成不小的麻煩，很可能會丟掉飯碗。當老闆的人，由於景氣環境變遷，業績一年不如一年，應該另外尋找出路，不要繼續執著下去。想求職的話，前去應徵面試時，要注意合約內容，不要隨便簽字，以免日後發生問題，卻沒辦法爭取權益。

第四首　上　呂洞賓煉丹

仙風道骨本天生　又遇仙宗為主盟
指日丹成謝巖谷　一朝引領向天行

籤曰：

工作運勢方面，上班族的人，要專注眼前目標，不要被外界影響，假以時日的磨鍊，就可以出人頭地。當老闆的人，你的領導能力不錯，有相當具有眼光，能事先預知很多趨勢的徵兆，所以將有利可圖。想求職的話，可以透過他人介紹，來尋找相關的職務，特別是跟長輩交談，能夠獲得資訊以及寶貴經驗。

第五首　中　鮑叔牙薦管仲

營為期望在春前　誰料秋來又不然
直遇清江貴公子　一生活計始安全

籤曰：

工作運勢方面，上班族的人，生活上太多不如意事無法去掌握，應該放寬心看待，就不會那麼鬱卒，有事可以跟朋友聊聊。當老闆的人，要注意週遭的環境，是否有埋沒的人才，自己若願意提拔，對方將賣命回報。想求職的話，雖然想要工作，卻沒有管道，應找人幫忙推薦，能快點找到職務。

第六首　下　相如完璧歸趙

何勞鼓瑟更吹笙　寸步如登萬里程

波此懷疑不相信　休將私意憶濃情

籤曰：

工作運勢方面，上班族的人，同事的優秀表現，讓你非常的忌妒，其實用不著這樣，反而要虛心學習，追隨人家的腳步。當老闆的人，凡事要替大局設想，不要為了個人利益，就把原則拋在一邊，這樣是不會有好結果的。想求職的話，四處奔波應徵，但都沒有下文，是態度傲慢的關係，應該要檢討改善才是。

第七首　上　姜太公釣蟠溪

君金庚申未亨通　且向江頭作釣翁

玉兔重生應發跡　萬人頭上逞英雄

籤曰：

工作運勢方面，上班族的人，要多充實進修，請教同行前輩，就能發現問題癥結，等待實力逐漸累積，自然就會有人提拔，有一展長才的機會。當老闆的人，凡事不要逞強去做，要能留下一點餘力，才能冷靜觀察情勢，以應

付隱藏的危機。想求職的話,時機快要成熟,應該毛遂自薦,表現自己的優點,吸引別人的注意。

第八首　中　王羲之坦腹

兩家門戶各相當　不是姻緣莫較量

直待春風好消息　卻調琴瑟向蘭房

籤曰:

工作運勢方面,上班族的人,跟同事要盡量配合,當產生摩擦的時候,彼此要溝通商量,把問題講清楚,就不會發生糾紛。當老闆的人,會有人來洽談業務,會是滿不錯的生意,要能夠好好的考慮,說不定能賺進一筆。想求職的話,朋友的介紹之下,很快就順利找到,待遇福利還算不錯,你要懂得感激才是。

第九首　下　孟郊五十登第

病患時時命寒衰　何湏打瓦共鑽龜

直教重見一陽後　始可求神仗佛持

籤曰:

工作運勢方面,上班族的人,精神狀況不太理想,多

半身體出了毛病，應該抽空去健康檢查，預防不必要的困擾。當老闆的人，景氣陷入低潮，業績也往下滑，雖然做了很多努力，但卻沒有實際效果，只能走一步算一步。想求職的話，由於無法負擔勞動，只能做些文書處理，或管理看守的職務，會比較得心應手。

第十首　上　李泌七歲賦長歌

碧玉池中開白連　莊嚴色相自天然
生來骨格超凡俗　正是人間第一仙

籤曰：

工作運勢方面，上班族的人，學識相當淵博，資歷也非常豐富，只要好好爭取表現，事業就能平步青雲，成功將能指日可待。當老闆的人，資訊時代的來臨，要多加運用行銷，廣告將能有效提昇公司各方面的成長。想求職的話，外在形象很重要，面試要特別留意，這樣能增加好印象，錄取的機會就比較大。

第十一首　中　王祐植三槐

知君指擬是空華　底事茫茫未有涯
牢把腳根踏實地　善為善應永無差

籤曰：

工作運勢方面，上班族的人，凡事要腳踏實地，不要想投機取巧，也許一時能夠成功，但不保證永遠有效，很可能因此而失敗。當老闆的人，想了很多點子，但都無法順利執行，是因為計劃本身，顯得很不切實際，應該要修改才行。想求職的話，面對失敗不要恐慌，要再接再厲繼續努力，相信不久之後，就能夠成功。

第十二首　下　孫臏遇龐涓

今年好事一番新　榮華富貴萃汝身
誰識機關難料處　到頭獨立傷轉神

籤曰：

工作運勢方面，上班族的人，將有競爭的對手，對方會不擇手段，要想辦法來應付，不然升遷的機會，將白白拱手讓人。當老闆的人，原本談妥的生意，其實是一場騙局，損失的資金慘重，讓你會欲哭無淚，不曉得如何是好。想求職的話，景氣還沒有恢復，工作非常難找，應該要放下身段，暫時委屈求全。

第十三首　上　司馬題橋

公侯將相本無種　好把勤勞契上天

人事盡從天理見　才高豈得困林泉

籤曰：

工作運勢方面，上班族的人，憑著自己的努力，終於脫穎而出，成為被人家賞識的對象，人際一下子熱絡起來，要懂得建立關係才行。當老闆的人，規規矩矩的行事，發展會比較健全，若只想發達速成，那恐怕是癡人說夢，還是腳踏實地比較理想。想求職的話，只要有真本事，就不怕沒機會，只需要前往應徵就可以。

第十四首　中　端木結四連騎

一春萬事苦憂煎　夏裏營求始帖然

更遇秋成冬至後　恰如騎鶴與腰纏

籤曰：

工作運勢方面，上班族的人，剛開始會很辛苦，但已經安然度過，現在環境已經熟悉，就可以按部就班，發展自己的前途。當老闆的人，眼前的情況平穩，應該再力求突破，等到時機成熟後，自然會有所轉機，財富將滾滾而

來。想求職的話，注意個人安全，慎防被人詐騙，應徵時最好有人陪同，才不容易發生事情。

第十五首　下　張耳陳餘交

一見佳人便喜歡　誰知去後有多般
人情冷暖君休訝　歷涉應知行路難

籤曰：

工作運勢方面，上班族的人，勞心勞力的付出，收穫卻十分有限，不如趁早換工作，才會比較有前途。當老闆的人，要培養人際關係，多參加交際應酬，這樣才可以打開知名度，讓公司的業務蒸蒸日上。想求職的話，透過別人的安排，找到一個好位子，可惜表現不如預期，處處被人家嫌棄，只好摸摸鼻子走路。

第十六首　上　王孝先還妾贈金

祖宗積德幾多年　源遠流長慶自然
若更操修無捲己　天須還汝就青檀

籤曰：

工作運勢方面，上班族的人，因為本身人緣好，又懂

得溝通商量，主管非常的賞識，會給你機會表現，要好好珍惜才是。當老闆的人，基礎的實力深厚，又經過幾年闖蕩，現在還小有名氣，應該要繼續維持，追求更高的理想。想求職的話，若太計較待遇，而不拿出誠意，就會宣告失敗，反之，則會受到禮遇而成功。

第十七首　中　芙蓉鏡下及第

　　寅午戌年多阻滯　　亥子丑月漸亨嘉

　　待逢玉兔金雞會　　枯木逢春自放花

籤曰：

　　工作運勢方面，上班族的人，累積的實力還不夠，應該要再加強磨鍊，最好是配合在職進修，會比較快有發展。當老闆的人，雖然條件都齊全，但就只能先等待時機，目前不要太心急，先觀察市場動向，將有助日後決策。想求職的話，之前都不太順利，推掉了幾個工作，不過很快又會有消息，這次絕對會讓你滿意。

第十八首　下　田氏紫荊再榮

　　官事悠悠難辨明　　不如息了且歸耕

　　旁人煽惑君休信　　此事當謀親兄弟

籤曰：

工作運勢方面，上班族的人，會被捲入糾紛當中，成為無辜的受害者，若不想繼續被拖累，應該想辦法脫身。當老闆的人，由於耳跟子太軟，在旁人的煽動之下，居然衝動行事，導致嚴重的損失；要能夠勇於承擔，不要怪罪別人。想求職的話，凡事除了實力，運氣也不可少，若一直沒消息的話，也只好暫時委屈。

第十九首　上　謝安石東山高臥

功名富貴自能為　偶著先鞭莫問伊
萬里鵬程君有分　吳山頂上好鑽龜

籤曰：

工作運勢方面，上班族的人，將有調職的可能，安排另外的職務，相對於現在的位置，還有更多的發揮空間。當老闆的人，可以多去走走，參觀異國的環境，不一定在國內，才能夠賺到財富，也可以藉此機會，來放鬆轉換心情。想求職的話，途中會遇到貴人，給你一次好機會，要好好把握，拿出應有的表現。

第二十首　中　柳毅傳書

奉公謹守莫欺心　自有亨通吉利臨

目下營求且休矣　秋期與子定佳音

籤曰：

工作運勢方面，上班族的人，不要偷雞摸狗，要老老實實，否則被人發現的話，將可能惹上麻煩。當老闆的人，對市場的變化，最好親自體驗，要多方面的吸收新知，決策上才會有信心，事業發展也比較好。想求職的話，雖然四處都碰壁，但在朋友的支持下，讓你保持希望，不會輕易的放棄，相信一定會成功。

第二十一首　下　虞爭間田

田園價貴好商量　事到公庭波此傷

縱使機關圖得勝　定爲後世子孫殃

籤曰：

工作運勢方面，上班族的人，對於新進的同事，雖然看不順眼，也要有肚量容忍，才不會破壞氣氛，影響工作的效率。當老闆的人，爲了金錢的糾紛，傷了大家的和氣，雖然贏得了公道，卻也失去了朋友，行動之前，都應

壹、關聖帝君靈籤簡介

該衡量清楚。想求職的話，由於條件不夠，應徵遇上困難，要多加努力，來補救缺失。

第二十二首　上　漢光武陷昆陽

新來換淂好規模　何用隨他步與趨
只聽耳邊消息好　崎嶇歷盡見亨衢

籤曰：

工作運勢方面，上班族的人，對於別人的批評，自己要能夠感激，而不要心存忌妒，才能夠維持和氣。當老闆的人，對於傳統的觀念，要隨著時代進步，而能夠有所創新，否則將會被淘汰，而沒有辦法生存。想求職的話，不要受別人影響，心意要相當堅決，對於想要的職務，就盡全力來爭取，才有希望被錄取。

第二十三首　中　莊子慕道

不分南北與西來　眼底昏昏耳似聾
熟讀黃庭經一卷　不論貴賤與窮通

籤曰：

工作運勢方面，上班族的人，心情要保持愉快，盡量

不要亂發脾氣，對於看不慣的情況，要先去深入了解，再做定論也不遲。當老闆的人，要聽旁人的建議，一意孤行的結果，只會讓自己吃虧，最好是平心靜氣，採取接納的態度，會比較有所進展。想求職的話，要能配合興趣，以及相關條件，這樣尋找才會事半功倍。

第二十四首　下　嚴子陵登釣臺

一生心事向誰論　十八灘頭說與君

世事盡從流水去　功名富貴等浮雲

籤曰：

工作運勢方面，上班族的人，因為偷懶的關係，所以事情沒辦好，會被主管責罵，想要有嘉獎，實在是不太可能。當老闆的人，費盡苦心決策，但時機卻不恰當，效果十分有限，內心將有所抱怨，可是也無濟於事。想求職的話，要懂得逆來順受，態度要低調謙卑，人家才會願意幫忙，賞你一口飯吃。

第二十五首　上　李固柳汁染衣

自南自北自東西　欲到天涯誰作梯

遇鼠逢牛三弄笛　好將名姓榜頭題

籤曰：

工作運勢方面，上班族的人，由於自己的努力，加上懂得去交際，所以會有人挖角，條件待遇還不錯，可以認眞的考慮，前途會比較理想。當老闆的人，要多用一些人才，替自己分憂解勞，並積極尋找商機，而不是原地踏步，才會有成長空間。想求職的話，出外會遇到貴人，介紹不錯的工作，就要好好工作來報答。

第二十六首　中　陳平亡歸漢

一紙官書火急催　扁舟東下浪如雷
雖然目下多驚險　保汝平安去復回

籤曰：

工作運勢方面，上班族的人，想要爭取到權益，就必須拿出表現，而不是紙上談兵，在那裡光說不練，是沒人會支持的，當老闆的人，平常要多去應酬，了解同業的情況，必要時聯手合作，不但能減少競爭，還能夠增加利益，想求職的話，若有應徵的機會，就要趕快去面試，或透過關係介紹，職務會比較理想。

第二十七首　下　張子房遺跡

波此居家只一山　如何似隔鬼門關

日月如梭人易老　許多勞碌不如閒

籤曰：

工作運勢方面，上班族的人，工作壓力的關係，會顯得操勞疲倦，加上其他的因素，使你非常的困擾，各方面都不順利。當老闆的人，決策要謹慎小心，不要想投機取巧，否則將損失慘重，偷雞不著蝕把米，而影響整個營運。想求職的話，由於條件不理想，加上人際很差，無論到哪都處處碰壁，沒有人願意雇用。

第二十八首　上　牛宏不聽射牛

人說今年勝去年　也湏步步要周旋

一家和氣多生福　簍菲讒言莫聽偏

籤曰：

工作運勢方面，上班族的人，人緣非常好，能得到他人幫助，做什麼都很順利，有機會前往出差，擴展自己的眼界，當老闆的人，要順應市場趨勢，多聽別人的意見，這樣判斷才客觀，而不至於太偏頗，而失去了好機會。想

求職的話，多出去外面走動，觀看週遭的資訊，不懂就要去學習，相信很快就有好消息。

關聖帝君靈籤（感情婚姻）

第一首　上　十八學士登瀛洲

　　巍巍獨步向雲間　玉殿千官第一班
　　富貴榮華天付汝　福如東海壽如山

籤曰：

　　在感情運方面，一切都順心如意，只要打好事業基礎，等緣分來的時候，就可以錦上添花。尋找對象的話，要展現自己的優點，讓別人欣賞到才華，這樣才具有吸引力。已經交往的人，若將來目標一致，而願意同心協力，就能獲得成功。婚姻方面，彼此的條件搭配，算得上門當戶對，可以結爲夫妻，而能白頭偕老。

第二首　中　呂蒙正守困

　　子有三般不自由　門庭蕭索冷如秋
　　若逢牛鼠交承日　萬事回春不用憂

籤曰：

　　在感情運方面，漸漸會有好轉，能遇到好緣分，自己要能把握，不要輕易放棄。尋找對象的話，若最近有聚會

活動，現場出現的異性，會讓你相當鍾情，是值得考慮的機會。已經交往的人，說話方面要和氣，不要太尖酸刻薄，彼此感情才會親密，能攜手共度難關。婚姻方面，家庭的困境，已雨過天晴，不用再擔憂。

第三首　下　張翰憶鱸魚

去年百事可相宜　　若較今年時運衰
好把瓣香告神佛　　莫教福謝禍無追

籤曰：

在感情運方面，現在的情勢不利，很多瑣碎的事情，最好冷靜處理，不能夠輕舉妄動。尋找對象的話，條件不要開太高，要衡量自己情況，不要太痴心妄想，而想要高攀權貴。已經交往的人，彼此會發生衝突，感情越來越冷淡，要想辦法來解決，否則將走向分離。婚姻方面，災禍降臨，要燒香拜佛，來祈求化解。

第四首　上　呂洞賓煉丹

仙風道骨本天生　　又遇仙宗為主盟
指日丹成謝巖谷　　一朝引領向天行

籤曰：

在感情運方面，緣分是天注定，不用特意尋找，等到時間到來了，自然會開花結果。尋找對象的話，有人幫你介紹，不要隨便拒絕，說不定對方的條件，正是你夢寐以求的。已經交往的人，要懂得替對方著想，多互相體諒，並且要合作，未來將非常美好。婚姻方面，能夠夫唱婦隨，彼此感情融洽，家庭生活相當幸福。

第五首　中　鮑叔牙薦管仲

營為期望在春前　誰料秋來又不然
直遇清江貴公子　一生活計始安全

籤曰：

在感情運方面，先前的不如意，已經成為過去，放眼未來的景象，將會有不同際遇。尋找對象的話，朋友知道你的心意，會想幫你物色對象，要懂得感恩說謝才行。已經交往的人，彼此的理念不同，要能夠互相包容，漸漸的消除隔閡，才有美好的將來。婚姻方面，家庭經濟的壓力，夫妻要一同分擔，就能安然度過。

第六首　下　相如完璧歸趙

何勞鼓瑟更吹笙　寸步如登萬里程

波此懷疑不相信　休將私意憶濃情

籤曰：

在感情運方面，目前緣分尚未成熟，你心急也沒有用處，還不如耐心等待，先充實自我再說。尋找對象的話，眼光若是太高，或顯得太固執，都是不切實際的做法，應該要放下身段才好。已經交往的人，若個性相差太多，就不要強求在一起，應該要趁早放手。婚姻方面，顯得勞累不堪，但要咬緊牙關，撐過去才好。

第七首　上　姜太公釣蟠溪

君金庚申未亨通　且向江頭作釣翁

玉兔重生應發跡　萬人頭上逞英雄

籤曰：

在感情運方面，態度要真誠無欺，而能夠安分守己，自然會有好消息，耐心等待就是。尋找對象的話，你比較含蓄，不懂得主動，最好能透過介紹，成功率會比較高，才不會浪費時間。已經交往的人，對方幫助你許多，使你

能夠有成就，要懂得珍惜對方。婚姻方面，配偶相當能幹，能夠分擔家計，你儘管放心。

第八首　中　王羲之坦腹

兩家門戶各相當　不是姻緣莫較量

直待春風好消息　卻調琴瑟向蘭房

籤曰：

在感情運方面，要先努力提昇條件，奠定經濟的基礎後，再談男女的交往，進展會比較順利。尋找對象的話，不要眼高手低，最好腳踏實地，選擇穩重的對象，才能夠有好結果。已經交往的人，彼此出雙入對，心意能夠相通，相信不久之後，喜事就會來臨。婚姻方面，有聚少離多的現象，但最終還是能相知相守。

第九首　下　孟郊五十登第

病患時時命寒衰　何湏打瓦共鑽龜

直教重見一陽後　始可求神仗佛持

籤曰：

在感情運方面，不適合現在談感情，此時身體健康會

出毛病，要先養好病再說。尋找對象的話，凡事都要觀看透徹，若只以物質條件當標準，恐怕找不到真心的交往對象。已經交往的人，對方根本不喜歡你，自己要能趕快覺悟，再互相糾纏下去，沒有什麼好處可言。婚姻方面，經營上有問題，對方會拋棄遠去，你將受到打擊。

第十首　上　李泌七歲賦長歌

碧玉池中開白連　莊嚴色相自天然
生來骨格超凡俗　正是人間第一仙

籤曰：

在感情運方面，最近會有好消息，對方的條件不錯，能帶來實際幫助，會讓你如虎添翼。尋找對象的話，由於你的努力不懈，而獲得對方的肯定，對方會願意交往，要好好把握機會。已經交往的人，對方大獻殷勤，讓你相當開心，也別忘了讚美對方。婚姻方面，雖然有困難發生，但能夠遇到貴人，順利的化解危機。

第十一首　中　王祐植三槐

知君指擬是空華　底事茫茫未有涯
牢把腳根踏實地　善為善應永無差

靈籤聖卦，這本最好用

77

籤曰：

在感情運方面，凡事不要勉強，一切順其自然，特別是感情的事，不合就應該停止。尋找對象的話，選擇老實的對象，交往會比較長久，若是花言巧語的人，根本沒辦法依靠。已經交往的人，要替彼此著想，不要衝動行事，按部就班去做，就能得到好處。婚姻方面，所祈求的願望，只要是善意的，最後都能夠實現。

第十二首　下　孫臏遇龐涓

今年好事一番新　榮華富貴萃汝身
誰識機關難料處　到頭獨立傷轉神

籤曰：

在感情運方面，事業遇上危機，陷入窮困潦倒，關於感情事情，最好不要奢望。尋找對象的話，辛辛苦苦的追求，但對方卻不領情，讓你十分傷心，要能看的開才好。已經交往的人，將會有第三者介入，破壞了原有的和諧，感情恐怕發生變故。婚姻方面，不要太依賴對方，有時要學著獨立，才能保障自己權益。

第十三首　上　司馬題橋

公侯將相本無種　好把勤勞契上天

人事盡從天理見　才高豈得困林泉

籤曰：

在感情運方面，用不著操之過急，按照平常的步調，認真踏實的行事，就自然會有消息。尋找對象的話，若用欺騙的手段，到頭來是一場空，沒辦法獲得芳心，要發自真誠才行。已經交往的人，你所付出的一切，對方都看在眼裡，除了很感激之外，也會加倍報答你。婚姻方面，無論發生任何事，寬容是最好的良藥。

第十四首　中　端木結四連騎

一春萬事苦憂煎　夏裏營求始帖然

更遇秋成冬至後　恰如騎鶴與腰纏

籤曰：

在感情運方面，壞運已經過去了，不用再憂心牽掛，現在要迎接陽光，屬於美好的將來。尋找對象的話，若有喜歡的人，應該大膽行動，就算被拒絕，也不要灰心，相

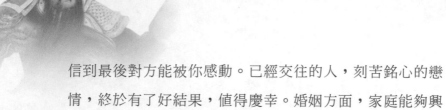

信到最後對方能被你感動。已經交往的人，刻苦銘心的戀情，終於有了好結果，值得慶幸。婚姻方面，家庭能夠興旺，但仍須要努力，才能維持長久。

第十五首　下　張耳陳餘交

一見佳人便喜歡　誰知去後有多般
人情冷暖君休訝　歷涉應知行路難

籤曰：

在感情運方面，若只想投機取巧，恐怕枉費心機，得不到任何好處。尋找對象的話，雖然有人很欣賞你，但因為環境的因素，使彼此無法在一起，只能留下遺憾而已。已經交往的人，對方的個性現實，若無法接受的話，應該早點講清楚，才不會造成誤會。婚姻方面，吃盡很多苦頭，最後選擇分手，破鏡難以重圓。

第十六首　上　王孝先還妾贈金

祖宗積德幾多年　源遠流長慶自然
若更操修無捲己　天涯還汝就青檀

籤曰：

在感情運方面，時機已經快成熟，只等你功成名就，就會有緣分降臨，而能夠喜上加喜。尋找對象的話，身邊熟識的朋友，彼此將會看對眼，陷入瘋狂的熱戀，而成為一對情侶。已經交往的人，對方很珍惜情分，你應該要知足，好好照顧對方，創造未來的幸福。婚姻方面，脾氣要修養，夫妻才和諧，就不會爭吵。

第十七首　中　芙蓉鏡下及第

寅午戌年多阻滯　亥子丑月漸亨嘉
恃逢玉兔金雞會　枯木逢春自放花

籤曰：

在感情運方面，緩慢的發展，會比較穩定，若急躁衝動的話，恐怕會壞了事情。尋找對象的話，感覺順眼之外，也要考慮內涵，才不容易看走眼，而耽誤寶貴的青春。已經交往的人，由於是真心相愛，在多困難也不怕，能夠堅持到最後，而不會產生變故。婚姻方面，夫妻能夠和好，互相體諒難處，感情會比以往更好。

第十八首　下　田氏紫荊再榮

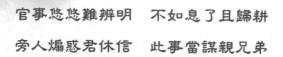

官事悠悠難辨明　不如息了且歸耕

旁人煽惑君休信　此事當謀親兄弟

籤曰：

在感情運方面，會有較多阻礙，破壞感情和諧，應該謹言慎行，避免遭惹禍端。尋找對象的話，不要自欺欺人，把對方塑造的很美好，這樣到時吃虧的是自己。已經交往的人，對方會很嫌棄你，若繼續容忍下去，也沒什麼好結果可言。婚姻方面，對方已經辜負了你，你別指望對方回頭，應該另外尋找幸福的懷抱。

第十九首　上　謝安石東山高臥

功名富貴自能為　偶著先鞭莫問伊

萬里鵬程君有分　吳山頂上好鑽龜

籤曰：

在感情運方面，最近會有出遊旅行，很可能有異國戀情，若你認為值得交往，不妨放寬心來看待。尋找對象的話，可以透過朋友，替你幫忙介紹，會進展的比較順利，很快就能交到伴侶。已經交往的人，應專心事業前途，不要沉迷於感情，兩人才有未來可言。婚姻方面，感情十分

親密，能夠互相扶持，可以白頭偕老。

第二十首　中　柳毅傳書

奉公謹守莫欺心　自有亨通吉利臨
目下營求且休矣　秋期與子定佳音

籤曰：

在感情運方面，先處理眼前狀況，最要緊是衝事業，等到有所成就後，就不怕沒有對象。尋找對象的話，有人暗中欣賞你，只是你還不曉得，要耐心觀察週遭，就可以找到緣分。已經交往的人，雖然沒辦法相聚，但可以透過資訊，來傳達彼此心意，也能夠培養默契。婚姻方面，彼此若同心協力，家運就會有起色。

第二十一首　下　虞爭間田

田園價貴好商量　事到公庭波此傷
縱使機關圖得勝　定為後世子孫殃

籤曰：

在感情運方面，不要堅持己見，該妥協的時候，就要平心靜氣，事情才不會複雜。尋找對象的話，送上門來的

艷福，其實包藏禍心，眼睛要睜大點，才不會掉入陷阱。已經交往的人，對方私下另結新歡，把你給蒙在鼓裡，要趕快死心覺醒，傷害才不會加深。婚姻方面，彼此個性不合，多半是爲了錢財吵鬧不休。

第二十二首　上　漢光武陷昆陽

新來換得好規模　何用隨他步與趨
只聽耳邊消息好　崎嶇歷盡見亨瀷

籤曰：

在感情運方面，情勢已經轉變，眼前出現機會，你要當機立斷，就能如願以償。尋找對象的話，可以更換目標，不要執著現況，如此一來，會讓感情更加順利，將產生新的契機。已經交往的人，對方跟著你吃苦，一路陪你撐過來，要好好報答回饋，才不會辜負對方。婚姻方面，將會有喜事傳出，使你非常高興愉快。

第二十三首　中　莊子慕道

不分南北與西來　眼底昏昏耳似聾
熟讀黃庭經一卷　不論貴賤與窮通

籤曰：

在感情運方面，步調要能控制，不要處心積慮，想要快速達成，反而會失去效果。尋找對象的話，隨著環境的變化，能認識不少異性，可以從中來挑選自己欣賞的類型。已經交往的人，眼前的對象，是過客而已，就算彼此分開，不用太過執著，緣起就有緣滅。婚姻方面，不要太計較，凡事想開點，才能夠幸福。

第二十四首　下　嚴子陵登釣臺

一生心事向誰論　　十八灘頭說與君
世事盡從流水去　　功名富貴等浮雲

籤曰：

在感情運方面，現在條件不理想，不要想高攀佳偶，應該要檢討反省，重新振作。尋找對象的話，由於堅持原則，導致沒有彈性，沒有人願意接受，交往過程不順利。已經交往的人，由於距離太遙遠，感情不能夠密切聯繫，最後只留下遺憾，彼此黯然分開。婚姻方面，若你無法繼續容忍，趕快另外尋找伴侶。

第二十五首　上　李固柳汁染衣

自南自北自東西　欲到天涯誰作梯
遇鼠逢牛三弄笛　好將名姓榜頭題

籤曰：

在感情運方面，隨著條件的提昇，以及人脈的擴展，遇到很多好對象，讓你非常心動，尋找對象的話，要積極向外尋找，多表現自己才華，就一定有人欣賞，而前來跟你攀談。已經交往的人，成家立業的時候，可以先做好準備，再詢問父母意見。婚姻方面，對方會照顧家庭，並且盡心的付出，無疑是個好幫手。

第二十六首　中　陳平亡歸漢

一紙官書火急催　扁舟東下浪如雷
雖然目下多驚險　保汝平安去復回

籤曰：

在感情運方面，自己要放寬標準，眼光就不要太高，否則會繼續拖延，找不到理想對象。尋找對象的話，過程會有些波折，讓你遭遇到阻礙，但用不著太急躁，事情終究有轉機，已經交往的人，彼此將產生誤會，會有一段時

間冷靜，後來就和好，沒有什麼問題，婚姻方面，夫妻多忍讓，好好的溝通，就相安無事。

第二十七首　下　張子房遺跡

波此居家只一山　如何似隔鬼門關
日月如梭人易老　許多勞碌不如閒

籤曰：

在感情運方面，工作忙碌的壓力，讓你無心談感情，只能暫時等待，別無他法，尋找對象的話，原本喜歡的異性，已經被人家追走，心裡非常的懊惱，也只能無可奈何，已經交往的人，要配合環境情勢，不要太過於偏執，多聽別人的建議，才有可能繼續在一起。婚姻方面，失去了新鮮感，對方會厭煩你，爭執吵鬧不斷。

第二十八首　上　牛宏不聽射牛

人說今年勝去年　也湏步步要周旋
一家和氣多生福　蔞菲讒言莫聽偏

籤曰：

在感情運方面，比起之前的情況，現在算撥雲見日，

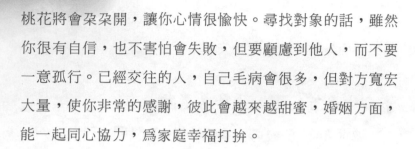

桃花將會朵朵開，讓你心情很愉快。尋找對象的話，雖然你很有自信，也不害怕會失敗，但要顧慮到他人，而不要一意孤行。已經交往的人，自己毛病會很多，但對方寬宏大量，使你非常的感謝，彼此會越來越甜蜜，婚姻方面，能一起同心協力，為家庭幸福打拚。

貳、媽祖靈籤簡介

媽祖（本名林默娘），祖籍福建省莆田湄洲嶼，為一傳奇性的宗教人物。又稱天妃、天后、天妃娘娘，天上聖母等。生於宋太祖建隆元年(960 年)，歿於宋太宗雍熙四年(987 年)，享年 28 歲。林默娘出生時，紅光滿室，異氣氤氳。由於生而彌月不聞哭聲，故名之曰默娘。林默娘八歲就塾讀書，喜燒香禮佛。十三歲得道典秘法。十六歲觀井得符，能布蓆渡海救人。昇化以後，有禱輒應。

媽祖是中國沿海地區人民普遍信仰的海神。從中國明朝開始，媽祖廟從中國走向世界，先到琉球、日本，然後到東南亞各國，例如澳門媽祖閣、馬來西亞吉隆坡天后宮、菲律賓隆天宮。隨著華人遠渡重洋到歐洲和美洲，這些地方也開始有了媽祖廟。

貳、媽祖靈籤簡介

　　媽祖又叫做媽祖婆、天后、天妃娘娘、天上聖母。在傳統民間信仰中，是眾所皆、知香火鼎盛的神祇。傳說媽祖本名林默娘，祖籍爲福建省興化府莆田縣湄洲嶼紅螺鄉，是當地都巡官林惟慤的第六個女兒。母親王氏懷胎的時候，夢見觀音佛祖賜「珠戒」仙丸，並說其肚中胎兒，將是一位女聖人，能得到萬民敬仰，更是漁民的救星。不久王氏便產下一女，出生的時候，光彩奪目、異香四溢，但滿月前卻不曾哭鬧，所以又叫做「默娘」。

　　默娘從小喜歡讀書，又愛燒香拜佛，當十三歲那年，遇見了一位道士叫玄通，前來家裡面化緣，道士知道默娘非常人，就傳授她「玄微秘法」，從此默娘就悟通眞理、熟知秘法，不但幫鄉民看病治療，而且又幫鄉民消災解難，大家都非常的敬重她。在二十八歲那年的重陽節，她告別家人之後，就在湄洲的高峰，誦經禱告而升天。默娘升天之後，由於出身於漁村，就常常暗中保佑漁民，使漁

船不受暴風侵襲，因此莆田縣縣民稱她做「通賢聖女」。宋宣宗時賜她「南海神女」，元朝加封她「天妃」，大清康熙封爲「天上聖母」，並且遣使祭祀，擴建其廟宇。

另外媽祖有兩名左右護法，爲人所津津樂道，那就是千里眼、順風耳，相傳是兩位原本作惡多端，最後在桃花山被聖母收伏，從此就改邪歸正，跟隨在媽祖身邊，由於兩位能觀察眾生的苦難，聽到眾生的心聲，若人平常虔誠恭敬的話，自然就會前去解救，可以說是相當靈驗。目前台灣的媽祖信仰，可以說是十分的流行，其中第一座媽祖廟，是永曆十六年建立於鹿耳門，不過現在以北港天后宮的規模最大，香火也最爲鼎盛，每逢媽祖的誕辰慶典，就會舉辦「遶境」活動，場面相當的盛大，高達數十萬信徒湧入，在自家門前祭拜，等待神轎的經過。由於媽祖誕辰爲三月，又有「三月瘋媽祖」的說法。

媽祖祭典當中最有趣的，應該就是「搶頭香」的活動，是指說媽祖返駕期間，是最爲靈驗的時候，因此若能搶到第一個上香，將可以得到媽祖最多的庇祐，所以大家會拚命爭取「頭爐香」，而成爲有趣的習俗。

靈籤說明與案例導讀

　　關於靈籤的由來，若有前往寺廟拜拜，就會知道那是什麼，其實也就是占卜問卦，只不過對象不相同，內容項目也不同，一般人都會好奇想抽籤，不然就是在遭遇到困難，或是有難以決定的事情，想請求神明指點，在從前的社會中，對於信仰相當虔誠，所以抽籤是重大的事，絕對不可以馬虎，必須要準備牲禮，鮮花五果，並且焚香禱告，然後再利用擲筊的結果，來確定能否抽籤，以及確定抽到的籤，就是神明所要傳達的旨意。而現在人雖然文明，很多事能自行處理，很少有機會到廟裡抽籤，或者根本沒時間前往，但人難免會有疑惑，陷入無助的情況，這時就可以利用靈籤，來幫助我們解答疑惑，或許就會有幫助。

　　靈籤的使用除了傳統的方式，也就是擲筊抽籤之外，也有很多種方式，只要是心誠就會靈驗，而不用太在意形式。以下提供的方式，適用於各種靈籤，內容只是作為參考，而不是說一種靈籤只能有一種方式，或特定方式才能使用。

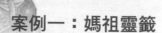

案例一：媽祖靈籤

首先準備一本較厚的書，利用翻書頁來抽籤。

一、先知道靈籤的數目，像是二十八籤、或三十二籤。若假設是二十八籤。

二、接著利用翻書頁求十位數，任意翻出一頁次後，假設得出156頁，156必須除以3求餘數，得出餘數等於0，那麼十位數就是0。

三、接著利用翻書頁求個位數，任意翻出一頁次後，假設得出75頁，75必須要除以10求餘數，得出餘數是5，那麼個位數就是5。(若頁次翻出10以下，就可以直接當成個位數，不必再求餘數，若10剛好整除，就剛好等於0，但若十位數跟個位數都是0時，就必須要重新抽籤)

四、尋找媽祖靈籤第五籤，並依照所求事項，來觀看靈籤解答。

五、假設是詢問【感情婚姻】，則靈籤解答如下：

第五籤　中

喜逢春令雨沾濡　草木萌芽正及時
志士經商皆得意　農夫多麥女多絲

籤曰：

在男女感情方面，若想要嘗試戀愛滋味，最近緣分將
悄悄出現，要多仔細留意身旁的對象，而單身的人，將有
功成名就的喜悅，也替你帶來了好人緣，會有異性主動跟
你示好。有對象的話，對方的條件不錯，經過認真的交
往，將有機會走向紅毯。在婚姻方面，經濟情況若改善，
夫妻感情便融洽，能攜手共度難關。

案例二：媽祖靈籤

首先準備一本較厚的書，利用翻書頁來抽籤。

一、先知道靈籤的數目，像是二十八籤、或三十二
籤。若假設是二十八籤。

二、接著利用翻書頁求十位數，任意翻出一頁次後，
假設得出127頁，127必須除以3求餘數，得出餘數等於1，
那麼十位數就是1。

三、接著利用翻書頁求個位數，任意翻出一頁次後，假設得出 74 頁，74 必須要除以 10 求餘數，得出餘數是 4，那麼個位數就是 4。(若頁次翻出 10 以下，就可以直接當成個位數，不必再求餘數，若 10 剛好整除，就剛好等於 0，但若十位數跟個位數都是 0 時，就必須要重新抽籤)

四、尋找媽祖靈籤第十四籤，並依照所求事項，來觀看靈籤解答。

五、假設是詢問【事業】，靈籤解答如下：

第十四籤　中

君著靈旗忽轉東　　定知好事與從容
神天庇祐湏報恩　　一炷心香帝座通

籤曰：

事業運方面，在主管的照顧之下，讓你有發揮的空間，會有驚人的成果展現。要找工作的人，每個機會盡量去試，不要害怕遭受失敗，總會有希望錄取的。財運方面，若手頭很緊的話，不妨跟朋友調度，事後再歸還就可以，若要投資的話，中途會出現瓶頸，要想辦法來變通，改換個方向去操作，過程就會順利許多。

案例三：媽祖靈籤

首先準備一本較厚的書，利用翻書頁來抽籤。

一、先知道靈籤的數目，像是二十八籤、或三十二籤。若假設是二十八籤。

二、接著利用翻書頁求十位數，任意翻出一頁次後，假設得出127頁，127必須除以3求餘數，得出餘數等於1，那麼十位數就是1。

三、接著利用翻書頁求個位數，任意翻出一頁次後，假設得出56頁，56必須要除以10求餘數，得出餘數是6，那麼個位數就是6。(若頁次翻出10以下，就可以直接當成個位數，不必再求餘數，若10剛好整除，就剛好等於0，但若十位數跟個位數都是0時，就必須要重新抽籤)

四、尋找媽祖靈籤第一十六並依照所求事項，來觀看靈籤解答。

五、假設是詢問【財運】，靈籤解答如下：

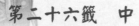

第二十六籤　中

蓬窗草舍暫淹留　知命樂天休謾悲

佇看震雷驚曲實　直教群蟄盡回頭

籤曰：

事業運方面，因為人情的關係，會被捲入糾紛，但很快就沒事，是虛驚一場。要找工作的人，可以請人家幫忙，事後再加以答謝，這樣會比較理想，財運方面，會逐漸往上攀升，得到良好的機緣，再加上自己的打拚，而使財富增加，若要投資的話，眼前欠缺好機會，不適合主動出擊，最好是靜觀其變，對自己才有保障。

媽祖天后宮（事業財運）

第一籤　上

曉日瞳瞳萬象融　河清海宴慶丰豐

生逢盛世真歡樂　好把心田作化工

籤曰：

事業運方面，一切情況非常順利，計劃能夠實際執行，大家都會願意支持你，要找工作的人，時機非常的適合，將有許多的職缺，會符合你的興趣，不用擔心沒工作做。財運方面，會有賺錢的機會，不要輕易錯過，要多拉些人際關係，才能維持生意長久，若要投資的話，要多用點心思，想些特別的點子，就能夠賺錢。

第二籤　中

臣報君恩子報親　五倫無愧感神明

一帆順境憑君去　災患消除福祿生

籤曰：

事業運方面，在你失意的時候，會有人伸出援手，出面來解決問題，事後要懂得感恩才行，要找工作的人，可

以透過親人的協助，幫忙尋找適合的工作，會比較快有消息。財運方面，不要因為貪小便宜，而失去本來原則，讓人家知道的話，那可就不妙了，若要投資的話，眼前阻礙會清除，應該放手一搏，無須擔憂。

第三籤　下

造物由來總好生　　君今求我與分明
西風凜冽東風緩　　自把存心仔細評

籤曰：

事業運方面，若要改變跑道，現在可以考慮，否則將錯過時機。要找工作的人，要評估自己的能耐，不要妄想高階職務，腳踏實地比較好。財運方面，收支方面要平衡，很可能會有急需，要提前做好準備才行，若要投資的話，看似有利可圖的機會，其實背後暗藏危機，若沒有深入察覺的話，很可能會損失慘重。

第四籤　上

前生結下好姻緣　　今日相逢亦線牽
多福多男並多壽　　一門喜慶此為先

貳、媽祖靈籤簡介

籤曰：

事業運方面，之前的努力打拚，得到別人相當的肯定，能獲得應有的掌聲與報酬。要找工作的人，會有認識的朋友，安排職務給你，讓你馬上就能一展身手。財運方面，由於認識新的人際關係，途中會遇到不少好事，會有賺錢的好機會，若要投資的話，自己若無法完成，就要集資來擴展，良好的夥伴會帶來助力。

第五籤　中

喜逢春令雨沾濡　草木萌芽正及時
志士經商皆得意　農夫多麥女多絲

籤曰：

事業運方面，工作遇到瓶頸時，有貴人出現幫忙，多半是異性朋友，對你特別好，要找工作的人，要了解自己的興趣，再從這方面去尋找，會勝任愉快。財運方面，進帳上還滿多的，要做好理財規劃，就能妥善的運用，若要投資的話，趁著景氣的復甦，要趕緊加快腳步，否則將失去先機，不能夠獲得好處。

第六籤　下

滿日風雲咫尺遠　胡爲惘惘欲何之
不如急把船頭轉　省得狂波破膽時

籤曰：

事業運方面，覺得煩心的事情很多，情緒的起伏波動較大，會產生一些人際糾紛，要找工作的人，會陷入困境當中，到處尋找都碰壁，暫時要忍耐才好。財運方面，凡事保守低調，不要過分鋪張，金錢要量入爲出才好，若要投資的話，不要聽從他人的讒言，而失去客觀的判斷，衝動行事的結果，將導致挫折失敗。

第七籤　上

卻喜東風一夜催　萬花萬奔各爭開
黃金台上逢知己　酌酒看花意氣恢

籤曰：

事業運方面，交際應酬當中，認識許多人士，其中不乏領導階層，對你會有一定的幫助。要找工作的人，人際關係要打點好，不要吝嗇開口求人，自然就會有好消息。財運方面，花費支出比較多，不過都是需要的，放鬆休閒

貳、媽祖靈籤簡介

有助於身心平衡，若要投資的話，要事先去勘查環境，確認計劃的可行性，就能成功順利。

第八籤　中

世事怎能獲萬全　總憑一點好心田
吉凶禍福惟人召　我本無私亦不偏

籤曰：

事業運方面，公正無私的處理事情，別人才會願意信服你，若失去了誠信原則，將推動不了任何事情。要找工作的人，看到徵才消息時，會突然產生靈感，讓你馬上前去面試，將會如願以償被錄取。財運方面，幫助他人時，要衡量情況，才不會負擔過重，若要投資的話，要注意風險的分散，雞蛋不要放在同一個籃子裡。

第九籤　下

太極否來沒不知　循環注復道無私
回思昔日風光好　卻悔今朝禱告遲

籤曰：

事業運方面，人總有低潮的時候，要懂得沉潛來調

適，期待重新出發的日子，要找工作的人，確定自己喜歡
這工作，才前往去應徵，否則將做不久。財運方面，在風
光的時候，要替未來著想，不然恐怕樂極生悲、悔不當
初。若要投資的話，操作不當的緣故，已經呈現虧損的狀
態，若不趕快即時收手，情況將比想像中嚴重。

第十籤　上

積德如君十幾年　何湏禮拜問神仙
一帆順境誰能及　利有攸注涉大川

籤曰：

事業運方面，憑著多年的經驗累積，現在擁有傲人的
實力，任何難關都可以輕易突破，要找工作的人，本身的
條件不錯，要能夠毛遂自薦，別人將非常欣賞，錄取的希
望很大，財運方面，暫時沒有問題，妥善規劃就可以，若
要投資的話，手邊會有多餘的閒錢，而想去做點小生意，
只要計劃完整可行，多半都會成功獲利。

第十一籤　中

天生富貴詢堪誇　畢竟相承積善家
告汝要言無別事　再能培植慶無涯

籤曰：

事業運方面，自己要不斷的進修，保持最佳的工作狀態，加上良好的人際關係，前途將指日可待。要找工作的人，靠著長輩熱心幫忙，會到熟人那裡去工作，要好好的表現才行。財運方面，遺留下的財產，心態要懂得珍惜，不要奢侈浪費才是，若要投資的話，要認真持續的投入，若是虎頭蛇尾的話，結果肯定會失敗。

第十二籤　下

驚風駭浪失西東　　一盞神燈照碧空

急向前途求解脫　　上天憫惻是愚蒙

籤曰：

事業運方面，工作上出了差錯，有背黑鍋的現象，會遭受強烈的指責，有可能失去飯碗。要找工作的人，不要怨天尤人或嫌東嫌西，凡事都沒有不勞而獲。財運方面，鬼迷心竅的下場，就是被人給詐騙，失去手中的金錢。若要投資的話，不管別人的勸阻，一意孤行的結果，造成現在的局面，沒辦法怨得了誰。

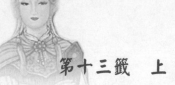

第十三籤　上

十年寒窗苦操修　今日彈冠事壯遊

萬里長風欣得意　直登波岸不須愁

籤曰：

事業運方面，一直堅守著崗位，累積豐富的資歷，現在終於熬出頭，而有升遷的機會。要找工作的人，可朝專門技術方面，除了符合能力之外，也比較有前瞻性。財運方面，理財規劃做的好，就不須憂愁煩惱，能快樂的過日子，若要投資的話，經過漫長的等待，當初的期待成真，成果十分的動人，將獲得豐厚利潤。

第十四籤　中

君著靈旗忽轉東　定知好事與從容

神天庇祐須報恩　一炷心香帝座通

籤曰：

事業運方面，在主管的照顧之下，讓你有發揮的空間，會有驚人的成果展現。要找工作的人，每個機會盡量去試，不要害怕遭受失敗，總會有希望錄取的。財運方面，若手頭很緊的話，不妨跟朋友調度，事後再歸還就可

以，若要投資的話，中途會出現瓶頸，要想辦法來變通，改換個方向去操作，過程就會順利許多。

第十五籤　下

汝曹逐流泛重洋　順意遊行自主張
德利須知尋退步　免教失足悔難當

籤曰：

事業運方面，有調職的可能，但壓力會增加，短時間內恐怕無法適應，要找工作的人，當初說好的內容，其實都只是謊言，讓你非常的懊悔。財運方面，不要隨便聽信他人，把錢借給別人應急，以免遭受嚴重損失，若要投資的話，當初的雄心壯志，飄洋過海到異鄉發展，如今都成了夢幻泡影，只能無奈失望的離去。

第十六籤　上

汝是懸崖一樹梅　一塵不染向春開
待得緣葉成陰後　結子滿枝調鼎來

籤曰：

事業運方面，堅持一貫態度，凡事謹慎處理，會有良

好績效，並且獲得稱讚，要找工作的人，看見機會就要把握，過程中雖然有阻礙，但結果會是美好的。財運方面，本身收入不錯，但要懂得存守，花費上要有節制，不要過度的奢華，若要投資的話，不用太過心急，先觀望一陣子，確定情勢的發展，才投入資金也不遲。

第十七籤　中

謂川頭白一漁翁　遇合時來便不同
莫謂蹉跎心便冷　湏從忍耐付窮通

籤曰：

事業運方面，人生難免有抉擇，要坦然的去面對，逃避無法解決問題。要找工作的人，選擇有潛力的公司，前途較有希望，容易產生成就感。財運方面，也許現在經濟困窘，但用不著擔心煩惱，等待時來便會運轉。要投資的話，若跟同夥又產生摩擦，就要把話說清楚，若能解決誤會跟心結，彼此的合作將更順暢。

第十八籤　下

種稻高原逢旱歲　插苗低畝遇霖辱
欲晴不晴雨不雨　天不絕人人絕天

籤曰：

事業運方面，工作環境的氣氛有些詭異，安分守己才不會招惹麻煩，要找工作的人，原本說好的工作，臨時又出現狀況，對方突然反悔，而不願意錄用。財運方面，發生很多意外事故，需要支出大筆金錢，讓你顯得憂心忡忡，若要投資的話，情況不是很理想，屋漏偏逢連夜雨，損失將超過預估，要有心理準備才好。

第十九籤　上

制虎降龍靜煉丹　　從今縱耀出玄關
前途一片風光好　　不到蓬萊只要間

籤曰：

事業運方面，最近會升遷調職，要努力爭取表現，別讓人家失望。要找工作的人，好消息從天而降，會讓你喜出望外，是值得高興的事。財運方面，憑著個人的努力，存下了不少資本，其實可以拿來運用，做更廣泛的投資。若要投資的話，可以選擇有潛力的地區，像是往國外方向去發展，將會有意想不到的收穫。

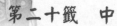

第二十籤　中

> 汝今行運未全通　　且奈來春萬象融
> 疾病健痊元氣復　　自然事事稱心胸

籤曰：

事業運方面，一掃先前的不如意，態度重新振作起來，會希望爭取機會表現，而顯得相當積極努力。要找工作的人，恢復了身體健康，可以繼續工作，但不可以勉強才是。財運方面，遲遲沒有入帳的錢，好不容易撥款下來，使你鬆了一口氣，若要投資的話，要看準機會出手，但要先衡量現況，才不會忘了瞻前顧後。

第二十一籤　下

> 求名從此是亨瀋　　求利逢剛是利區
> 但許一心求一事　　不容兩念是馳驅

籤曰：

事業運方面，名和利不要看得太重，人生的包袱會少一點，要找工作的人，呈現兩難的局面，要好好考慮清楚，將來才不會後悔。財運方面，不是自己的東西，就不要故意謀求，不然恐惹禍上身，而造成身敗名裂，若要投

資的話，要集中精神去做，不要將精神分散；至於無關緊要的計劃，就要取消以避免拖累。

第二十二籤　上

共道今年勝舊年　家門氣象覺熙悟
勸君得攏毋望蜀　省卻中懷似火煎

籤曰：

事業運方面，會比以前要順利，有可能換個新環境，一切都會變得不同，有更多深刻體驗。要找工作的人，不要只等待消息，可以透過網路，來尋找適合的職缺。財運方面，人家需要幫助的話，就盡量伸出援手，以後會獲得回報。若要投資的話，不要顧此失彼，專注眼前利益，會比畫餅充飢來的實際許多。

第二十三籤　中

行船共識賴神明　鉈錠常教要小心
莫道急流方著力　閒中打點免災侵

籤曰：

事業運方面，除了自己的條件外，還要配合人際關

係，將能夠事半功倍，縮短奮鬥的時間，要找工作的人，會跟人家一窩蜂競爭，要突顯個人特色才行，財運方面，花費上要精打細算，減少不必要的支出，存款自然會增加，若要投資的話，要尋找合適的項目，做好各種風險評估，才能夠投入資金，獲利會比較穩定。

第二十四籤　下

福祿從來未易求　枉勞心力費鑽謀
到頭無益徒貽笑　痴病相侵萬事休

籤曰：

事業運方面，天馬行空的想法，讓人覺得不切實際，信賴度會大打折扣。要找工作的人，太計較待遇福利，對方會不太欣賞，錄取的希望降低。財運方面，以不正當的手段獲取，最後都會惹禍上身，反而損失的會更多。若要投資的話，計劃到中途會生變，多半是健康的緣故，只能夠說時運不濟，沒辦法怨嘆別人。

第二十五籤　上

富潤屋兮德潤身　綽然由義後居仁
安如山岳難移動　百福千祥日日臻

籤曰：

　　事業運方面，家裡會給予支持，讓你無後顧之憂，可以盡全力衝刺，開創自己的未來，要找工作的人，不用太過著急，自然就有消息，前途還算不錯。財運方面，由於平常照顧人，大家都非常感激，會懂得加以回報，用不著擔心錢財。若要投資的話，按部就班規劃，並且積極執行，就會看見成果，而能有利可圖。

第二十六籤　中

蓬窗草舍暫淹留　　知命樂天休謾悲
佇看震雷驚曲實　　直教群蟄盡回頭

籤曰：

　　事業運方面，因為人情的關係，會被捲入糾紛，但很快就沒事，只是虛驚一場。要找工作的人，可以請人家幫忙，事後再加以答謝，這樣會比較理想。財運方面，會逐漸往上攀升，得到良好的機緣，加上自己的打拚，使得財富增加，若要投資的話，眼前欠缺好機會，不適合主動出擊，最好是靜觀其變，對自己才有保障。

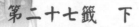

第二十七籤　下

人生定業固無訛　引頸迎刀復奈何

若向空門閑寄蹟　恩波雨露不剩多

籤曰：

事業運方面，若不改進個性上的缺點，將會因此出問題，導致失敗的下場。要找工作的人，沒有什麼好職務，最好是暫時屈就，不然只能夠等待。財運方面，不是說很理想，行事應該要保守，並減少交際應酬，以避免預算透支，若要投資的話，遭受他人的欺騙，損失不少的金錢，而且留下爛攤子，讓你非常的氣憤。

第二十八籤　上

莫說神明事渺茫　誠心禱告降嘉祥

福緣善慶真無爽　天道昭昭曲直彰

籤曰：

事業運方面，人際會有摩擦，應該趕快解釋，以免誤會加深，影響彼此和氣。要找工作的人，聽別人的建議，並且改變陋習，情況自然好轉，能夠找到工作。財運方面，腳步要踏實，不能夠投機，遇到機會來臨時，就要趕

快行動，猶豫將錯失良機。若要投資的話，做人盡量誠
懇，就有貴人欣賞，而獲得額外幫助。

媽祖天后宮（感情婚姻）

第一籤　上

曉日曈曈萬象融　河清海宴慶丰豐
生逢盛世眞歡樂　好把心田作化工

籤曰：

在男女感情方面，目前一切都非常順利，心裡沒有牽
掛的事情，可以順其自然的發展，而單身的人，有機會因
爲人家的介紹，而認識不錯的對象，要懂得及時把握，才
不會失去機會。有對象的人，彼此感情穩定發展，多注意
心靈上的溝通就可以。在婚姻方面，對方會是個好幫手，
幫你打理好家務，讓你全心工作而無後顧之憂。

第二籤　中

臣報君恩子報親　五倫無愧感神明
一帆順境憑君去　災患消除福祿生

籤曰：

在男女感情方面，已經慢慢有氣氛，可以開始物色對
象，會有不錯的收穫，而單身的人，凡事不要太過急躁，

先觀察情勢一陣子，再伺機行動會比較理想，有對象的人，對方替你付出許多，讓你相當的感動，千萬要好好珍惜，不要辜負才好，在婚姻方面，雖然夫妻會有爭執，但脾氣發完就沒事，能夠合好如初。

第三籤　下

造物由來總好生　君今求我與分明

西風凜冽東風緩　自把存心仔細評

籤曰：

在男女感情方面，要衡量現在的處境，是否能分心談感情，勉強去行事的話，只會造成自己的負擔，單身的人，正處於多事之秋，整個人顯得心煩意亂，沒有心思去想感情的發展。有對象的人，不要太嫌棄對方，不然弄巧成拙，對方將離去不回。在婚姻方面，夫妻間要多包容，面對困難的時候，要一起承擔才是。

第四籤　上

前生結下好姻緣　今日相逢亦線牽

多福多男並多壽　一門喜慶此為先

籤曰：

在男女感情方面，只要願意踏出第一步，就有出乎意料的好消息，而單身的人，朋友會居中牽線，因此認識許多異性，其中會有讓你心動的人，進而向對方告白心意。有對象的人，對方會替你帶來好運，幫助你解決許多麻煩困擾，是值得信賴相守一生的好伴侶，在婚姻方面，是天作之合，能多子多孫，彼此相親相愛，能白頭偕老。

第五籤　中

喜逢春令雨沾濡　草木萌芽正及時
志士經商皆得意　農夫多麥女多絲

籤曰：

在男女感情方面，若想要嘗試戀愛滋味，最近緣分將悄悄出現，要多仔細留意身旁的對象。而單身的人，將有功成名就的喜悅，同時也替你帶來了好人緣，會有異性主動跟你示好。有對象的人，對方的條件不錯，經過認真的交往，將有機會走向紅毯。在婚姻方面，經濟情況若改善，夫妻感情便融洽，能攜手共度難關。

第六籤　下

滿日風雲咫尺遠　胡爲惘惘欲何之
不如急把船頭轉　省得狂波破膽時

籤曰：

在男女感情方面，不要隨便介入別人的感情，否則將會被牽連其中，帶來不小的困擾。單身的人，盡量獨善其身，不要急著交往，順其自然就好。有對象的人，容易把持不住，私下跟第三者交往，曝光後造成嚴重的吵鬧，對方會毅然決然分手。在婚姻方面，因爲金錢的緣故，夫妻會爭吵不休，將有離婚的可能。

第七籤　上

卻喜東風一夜催　萬花萬奔各爭開
黃金台上逢知己　酌酒看花意氣恢

籤曰：

在男女感情方面，會出現意外的驚喜，無意中巧遇夢中人，讓你非常的心動，會展開積極追求。單身的人，身邊出現衆多對象，讓你不知道該如何選擇，應該要冷靜的挑選才是。有對象的人，對方異性緣不錯，讓你會有點吃

醋，彼此要多溝通才是。在婚姻方面，對另一半要忠貞，
對方自然不會虧待，會願意犧牲奉獻。

第八籤　中

世事怎能獲萬全　　總憑一點好心田
吉凶禍福惟人召　　我本無私亦不偏

籤曰：

在男女感情方面，不用太過心急，靜靜等待時機，總
會有好消息傳出。單身的人，不要太過挑剔條件，凡事很
難十全十美，要換個角度欣賞，就能找到合適的伴侶，有
對象的人，有時會因為自己的不解風情，讓對方感到失
望，偶而要表現柔情，才能夠有所進展。在婚姻方面，茫
茫人海中，尋找到對方，這得來不易的緣份要珍惜。

第九籤　下

太極否來沒不知　　循環注復道無私
回思昔日風光好　　卻悔今朝禱告遲

籤曰：

在男女感情方面，現在情緒陷入低潮，不適合處理相

貳、媽祖靈籤簡介

關問題。單身的人，不要太堅持原則，要適時放下身段，當愛情來臨的時候，就要勇敢去接受對方。有對象的人，當初不好好愛惜，總以為對方好欺負，等到發生問題時，後悔已經來不及了。在婚姻方面，彼此的個性不合，脾氣也無法容忍，恐怕會走向離婚一途。

第十籤　上

積德如君十幾年　　何湏禮拜問神仙
一帆順境誰能及　　利有攸往涉大川

籤曰：

在男女感情方面，向上天祈求的緣份，近日將會降臨身旁，彼此會有一見鍾情、迅速發展的可能。單身的人，本身的條件不錯，能吸引異性青睞，只要願意打開心房，就能找到理想對象。有對象的人，跟對方的感情深厚，培養了很久的默契，彼此早已互許終身。在婚姻方面，一切顯得相當順利，家運能逐漸興旺。

第十一籤　中

天生富貴詢堪誇　　畢竟相承積善家
告汝要言無別事　　再能培植慶無涯

籤曰：

在男女感情方面，要發內心眞誠的聲音，用花言巧語欺騙感情，只會得到淒慘的結局。單身的人，能找到條件不錯的對象，對方也願意接納你，而表示相當的好感，你應該大方接受才是。有對象的人，感情能親密融洽，彼此常出雙入對，讓旁人相當羨慕。在婚姻方面，彼此門當戶對，條件能夠匹配，婚姻能長長久久。

第十二籤　下

驚風駭浪失西東　一盞神燈照碧空
急向前途求解脫　上天憫惻是愚蒙

籤曰：

在男女感情方面，要先確定目標，若是胡亂追求，只會徒勞無功。單身的人，找不到理想的對象，心裡非常焦急，但也無濟於事。有對象的人，跟對方不適合交往，但礙於彼此的情份，讓你顯得相當痛苦，勸你要當機立斷才好。在婚姻方面，自己不好好檢討，一昧指責對方不是，造成分離的局面，也怨不得別人。

第十三籤　上

十年寒窗苦操修　今日彈冠事壯遊
萬里長風欣得意　直登波岸不滇愁

籤曰：

在男女感情方面，長期的不順遂，終於久旱逢甘霖，遇見心目中期待的緣份。單身的人，尋尋覓覓了很久，終於讓你找到對象，經過一番猛烈追求，才順利將對方擄獲，有對象的話，剛開始有爭吵，溝通上有隔閡，但沒多久就漸漸化解，感情有很明顯的進展。在婚姻方面，彼此夫唱婦隨、鶼鰈情深，而能夠百年好合。

第十四籤　中

君著靈旗忽轉東　定知好事與從容
神天庇祐滇報恩　一炷心香帝座通

籤曰：

在男女感情方面，若沒有什麼好機會，應該放寬心等待緣分，做好份內工作就可以。單身的人，要主動積極的出擊，若原地等待，機會恐怕被人捷足先登，只能夠望之興嘆而已。有對象的人，要多溝通商量，就不會發生問

靈籤聖卦，這本最好用

題，而能順利進展。在婚姻方面，物質條件固然重要，但心靈層次的培養更不可少。

第十五籤　下

汝曹逐流泛重洋　順意遊行自主張
慮利須知尋退步　免教失足悔難當

籤曰：

在男女感情方面，自己要有主見，不要隨波逐流，聽信別人慫恿，只會吃上大虧，單身的人，要注意週遭的人士，才不會受騙上當，造成人財兩失。有對象的人，會因為其他人的介入，感情有可能產生變化，要有被拋棄的心理準備。在婚姻方面，由於你不安於室，會到處留情，讓對方感到心寒，婚姻恐怕不保。

第十六籤　上

汝是懸崖一樹梅　一塵不染向春開
待得緣箕成陰後　結子滿枝調鼎來

籤曰：

在男女感情方面，一切順其自然發展，不用特意去強

求，時機成熟自會水到渠成。單身的人，暗中有對象暗戀你，只是你一直不知道，其實彼此的條件搭配，你可以考慮接受看看。有對象的人，對方真心真意的付出，讓你覺得非常的感動，會願意跟對方長相廝守。在婚姻方面，感情良好、福氣臨門，家運能興隆。

第十七籤　中

謂川頭白一漁翁　遇合時來便不同
莫謂蹉跎心便冷　滇淡忍耐付窮通

籤曰：

在男女感情方面，真金不怕火煉，縱使過程遭遇挫折，也要堅定最初心意，對方自然會受感動。單身的人，要懂得察言觀色，才能博取異性歡心，才有希望談戀愛。有對象的人，要原諒對方無心的過錯，包容能獲得更大的關懷。在婚姻方面，陷入困境的時候，更要攜手共度，不要因此而退卻，信賴能勝過一切。

第十八籤　下

種稻高原逢旱歲　插苗低畝遇霖垂
欲晴不晴雨不雨　天不絕人人絕天

籤曰：

在男女感情方面，若無法在一起，也要能看的開，才不會陷入執著。單身的人，個性孤僻的關係，不喜歡與人來往，就算有異性主動示好，也會被拒絕千里之外。有對象的人，彼此意見不合，容易爭執吵鬧，會有冷戰的現象，感情顯得糾纏不清。在婚姻方面，會發生意外變故，婚姻生活變了調，很可能會孤單一人。

第十九籤　上

貳、媽祖靈籤簡介

制虎降龍靜煉丹　　從今縱耀出玄關
前途一片風光好　　不到蓬萊只要閒

籤曰：

在男女感情方面，會遇到條件優秀的對象，要拿出自信心去應對，不要有自卑退縮的心態。單身的人，要多表現才華，讓人家知道你，等到知名度有提昇，桃花就會跟著來，不用太過操心煩惱。有對象的人，不要忽略對方的感受，可以選擇一同旅遊，來聯絡彼此的感情。在婚姻方面，能共同開創事業，而邁向成功。

第二十籤　中

汝今行運未全通　且奈來春萬象融
疾病健痊元氣復　自然事事稱心胸

籤曰：

在男女感情方面，要拋開過去的陰影，不要害怕再次戀愛，選擇勇敢面對才是。單身的人，會找到理想的對象，不過對方會有戒心，讓你一時難以親近，要花時間培養氣氛，自然就會成功。有對象的人，彼此會有心結，要想辦法去化解，否則情況將嚴重惡化。在婚姻方面，發脾氣時要能懂得忍讓，夫妻關係才會和諧。

第二十一籤　下

求名從此是亨衢　求利逢剛是利區
但許一心求一事　不容兩念是馳驅

籤曰：

在男女感情方面，感情不是兒戲，若不認真看待的話，到最後恐怕傷人也傷己。單身的人，不要被物質沖昏頭，感情若用金錢來衡量，就是自尋煩惱。有對象的人，對方不是很喜歡你，有虛情假意的現象，應該趁早分手離

127

開，自己就不會受傷害。在婚姻方面，家庭有外遇的可能，會搞得天翻地覆，彼此會協議離婚。

第二十二籤　上

共道今年勝舊年　家門氣象覺熙悟
勸君得攏毋望蜀　省卻中懷似火煎

籤曰：

在男女感情方面，不要懷疑對方的誠意，要先問自己是否願意，才會有進一步的發展。單身的人，最好改變外在形象，盡量突顯出自己的優點，就能夠吸引對象前來。有對象的人，要認真看待感情，若有騎驢找馬的心態，將破壞原有的感情基礎，在婚姻方面，彼此分享過快樂，也承擔過辛勞，而越來越能夠互相體諒。

第二十三籤　中

行船共識賴神明　鉈錠常教要小心
莫道急流方著力　閒中打點免災侵

籤曰：

在男女感情方面，某些原則要很堅持，不要受到外界

干擾，感情才會順利進展。單身的人，要循序漸進的發展，行動不要太急躁衝動，讓對方沒感覺到壓力，彼此才有進展的空間。有對象的話，對方若出現困難，要馬上挺身而出，就能獲得對方信任。在婚姻方面，面對任何事情時，都要保持平常心，相處才會和諧。

第二十四籤　　下

福祿從來未易求　　枉勞心力費鑽謀
到頭無益徒貽笑　　痴病相侵萬事休

籤曰：

在男女感情方面，管好份內的事情，不要過問其他糾紛，才不會被人給連累。單身的人，雖然有欣賞的對象，但對方卻不適合你，應該趁早放棄，若再苦苦糾纏，對彼此都會有傷害。有對象的人，身心狀態陷入低潮，應該放慢戀愛腳步，才比較不會出問題。在婚姻方面，彼此個性不合，很難相處的來，恐怕會離異。

第二十五籤　　上

富潤屋兮德潤身　　綽然由義後居仁
安如山岳難移動　　百福千祥日日臻

籤曰：

在男女感情方面，態度要主動積極，而不要害怕失敗，就能夠找到歸宿。單身的人，追求的過程中，要多表現自己，讓對方能夠了解，而不是沉默寡言，才會有好結果。有對象的人，關心對方生活，並且伸出援手，對方就會感激，距離就能拉近。在婚姻方面，夫妻的默契十足，是絕佳的好夥伴，能創造美滿生活。

第二十六籤　中

蓬窗草舍暫淹留　知命樂天休謾悲
佇看震雷驚曲實　直教群蟄盡回頭

籤曰：

在男女感情方面，朋友會幫忙介紹，讓你有機會認識異性，要把握住。單身的人，男女之間的感情，是不可以強求的，自己要想開才好。有對象的話，因為環境的因素，彼此會暫時分開，沒有時間見面，因此要想辦法多聯絡。在婚姻方面，既然已經是夫妻，就要好好的珍惜，彼此要共同合作，家庭才會有幸福。

第二十七籤　下

人生定業固無訛　引頸迎刀渡奈何
若向空門閒寄蹟　恩波雨露不剩多

籤曰：

在男女感情方面，要加強本身條件，異性才可能欣
賞，否則將沒有機會。單身的人，面對種種的壓力，沒有
心思談感情，只能夠暫時等待。有對象的人，由於家人的
反對，彼此交往很辛苦，與其這樣拖下去，不如協議分
手，在婚姻方面，婚前的甜蜜恩愛，婚後全變了樣子，讓
你非常的難過，但卻又無可奈何。

第二十八籤　上

莫說神明事渺茫　誠心禱告降嘉祥
福緣善慶真無爽　天道昭昭曲直彰

籤曰：

在男女感情方面，打開自己的心胸，去接納別人的關
懷，就會慢慢發現，自己其實並不孤單。單身的人，觀察
身邊的異性，做出最好的選擇，交往就比較順利。有對象
的人，彼此之間要坦誠，不能夠有所欺騙，感情就不會疏

遠在婚姻方面，剛開始不太適應，但慢慢就會好轉，生活將幸福美滿。

貳、媽祖靈籤簡介

參、呂仙祖靈籤簡介

呂洞賓，俗名呂巖，民間一般稱他為「孚佑帝君」、「呂純陽」、「純陽夫子」、「天公祖」、「仙公」、「呂祖」等，道家則稱他為「妙道天尊」，佛家又稱之為「文尼真佛」，為民間傳說的八仙之一。呂洞賓也是「五文昌」之一，常與關公、朱衣夫子（朱熹）、魁星及文昌帝君合祀。元時封為：「純陽演正警化孚佑帝君」，是為「孚佑帝君」之由來。而他的香火跨越儒、道、佛三界。

呂洞賓由仙而入神道，亦仙亦神，是集道教大成的得道高人，與少陽帝君、正陽帝君、大道帝君、輔極帝君同列道教五祖之一。

參、呂仙祖靈籤簡介

　　呂祖師又叫做呂洞賓、孚佑帝君、純陽祖師、道家方面叫做「妙道天尊」，而佛教說法是「文尼眞佛」，台灣民間信仰稱作「天公祖」。而呂洞賓也是「五文昌」之一，常與關公、朱熹、魁星及文昌帝君一起祭祀。據說呂洞賓原本姓李，是唐朝浦州永樂縣人，生於唐德宗貞元十四年，從小聰穎過人，天資敏銳，十歲就能文，十五歲就能武，而且精通百家經典。

　　呂祖師早年醉心功名，但兩次進士不第，又年事已高，只好浪跡江湖，到處遊歷，途中遇見正陽祖師，也就是八仙之一的漢鍾離，教呂祖延命之術，隱居於終南山，後來鍾離祖師又傳授密法劍訣，得道之後便離開，自稱叫回道人，而沒有人認識，但著有《聖德篇》、《指玄篇》、《忠孝課》等。五代以後，社會動盪不安，時局非常混亂，呂祖就經常現身，拯救貧苦的百姓，讓人民能倖免於難。宋徽宗時封爲「妙道眞人」，元朝封作「純陽演

135

正警化眞君」，元武宗加封「孚佑帝君」，據說在北宋眞宗時，益州發生民亂，呂祖曾現身顯化相助，所以又被加封「英顯武烈王」。自此呂洞賓由仙道入神道，是集道教大成的得道高人。

傳說呂祖遊歷當中，還曾經替明太祖剃髮，因爲臭頭皇帝朱元璋，每次請理髮師理髮的時候，理髮師都不小心碰到瘡，讓朱元璋非常的痛苦，一連遷怒數位理髮師，每個都被捉去斬頭。呂洞賓知道以後，就下凡化身理髮師，幫朱元璋理髮，不但沒有碰到瘡，還把瘡給治好了，朱元璋龍心大悅，要賞賜他金銀珠寶，但是呂祖卻都不收，只要求明太祖賜一面紅旗，插在理髮店的門口，所以被理髮業當作守護神。呂祖的功蹟甚多，常常打抱不平，抱持俠義之心，替天行道、降妖除魔，展現出古道熱腸的濟世精神。而台灣著名的呂仙祖廟，應該算是木柵的指南宮，是建於光緒十四年，俗稱「仙公廟」，供奉的神明還有玉皇上帝、原始天尊、太上老君、靈寶天尊以及五恩主、孔子跟釋迦佛祖等。

不過民間傳說呂洞賓曾情場失意，所以忌妒天下有情人，對於情侶非常不滿，如果熱戀中的情侶，前往祭拜呂

仙祖的話，將會被其拆散，雖然這個說法不實，一點也沒有根據，但還是很多人誤信爲眞。

靈籤說明與案例導讀

　　關於靈籤的由來，若有前往寺廟拜拜，就會知道那是什麼，其實也就是占卜問卦，只不過對象不相同，內容項目也不同，一般人都會好奇想抽籤，不然就是在遭遇到困難，或是有難以決定的事情，想請求神明指點，在從前的社會中，對於信仰相當虔誠，所以抽籤是重大的事，絕對不可以馬虎，必須要準備牲禮、鮮花五果，並且焚香禱告，然後再利用擲筊的結果，來確定能否抽籤，以及確定抽到的籤，就是神明所要傳達的旨意。而現在人雖然文明，很多事能自行處理，很少有機會到廟裡抽籤，或者根本沒時間前往，但人難免會有疑惑，陷入無助的情況，這時就可以利用靈籤，來幫助我們解答疑惑，或許就會有幫助。

　　靈籤的使用除了傳統的方式，也就是擲筊抽籤之外，也有很多種方式，只要是心誠就會靈驗，而不用太在意形式。以下提供的方式，適用於各種靈籤，內容只是作爲參

考，而不是說一種靈籤只能有一種方式，或特定方式才能使用。

案例一：呂仙祖靈籤

先準備一些米粒，或數量可以數的物品，像是圍棋的黑白子，或是大小一致的錢幣，利用米卦或其他物品來抽籤。

一、先知道靈籤的數目，像是二十八籤、或三十二籤。若假設是二十四籤。

二、接著利用米粒求十位數，任意抓出一堆米粒後，假設得出8粒，8必須除以3求餘數，得出餘數等於2，那麼十位數就是2。

三、接著利用米粒求個位數，任意抓出一堆米粒後，假設得出10點，10點必須要除以10求餘數，那麼剛好整除，個位數就是0。（若投抽出10點以下，就可以直接當成個位數，不必再求餘數，若10剛好整除，就剛好等於0，但若十位數跟個位數都是0時，就必須要重新抽籤）

四、尋找呂仙祖靈籤第二十籤，並依照所求事項，來

觀看靈籤解答。

五、假設是詢問【感情財運】，則靈籤解答如下：

第二十籤：中

忘情太上　弗人是佛

仁義程朱　賢哲士語

籤曰：

感情運勢方面，若還是單身的人，對方的身影風采，會讓你難以忘懷，若眞想追求對方，就該趁早行動，以免別人捷足先登。已經有對象的話，若產生溝通問題，自己沒辦法解決，應該趕快找人協調，來化解彼此尷尬的局面。在財運方面，對於來路不明的錢財，就應該拒絕接受，以免被牽連拖累，陷入糾紛當中。

案例二：呂仙祖靈籤

先準備一些米粒，或數量可以數的物品，像是圍棋的黑白子，或是大小一致的錢幣，利用米卦或其他物品來抽籤。

一、先知道靈籤的數目，像是二十八籤、或三十二籤。若假設是二十四籤。

二、接著利用米粒求十位數，任意抓出一堆米粒後，假設得出9粒，9必須除以3求餘數，得出餘數等於0，那麼十位數就是0。

三、接著利用米粒求個位數，任意抓出一堆米粒後，假設得出13點，13點必須要除以10求餘數，得出餘數等於3，個位數就是3。（若投抽出10點以下，就可以直接當成個位數，不必再求餘數，若10剛好整除，就剛好等於0，但若十位數跟個位數都是0時，就必須要重新抽籤）

四、尋找呂仙祖靈籤第三籤，並依照所求事項，來觀看靈籤解答。

五、假設是詢問【事業】，則靈籤解答如下：

第三籤：下

沐浴委志入竅　混沌藏精氣

雞兔之月及十二

籤曰：

事業運方面，暫時會有羈絆，無法專心投入，要靜待時機來臨。做生意的話，沒有按照規行事，有不老實的現象，遲早會曝光讓人責罵，而失去本身信譽。找工作的人，不曉得自己的興趣，到處胡亂尋找，只是浪費時間而已。問考運的話，放不下貪玩的念頭，對於讀書沒有心思，這樣前往應試的話，成績恐怕名落孫山。

案例三：呂仙祖靈籤

先準備一些米粒，或數量可以數的物品，像是圍棋的黑白子，或是大小一致的錢幣，利用米卦或其他物品來抽籤。

一、先知道靈籤的數目，像二十八籤、或三十二籤。若假設是二十四籤。

二、接著利用米粒求十位數，任意抓出一堆米粒後，假設得出7粒，7必須除以3求餘數，得出餘數等於1，那麼十位數就是1。

三、接著利用米粒求個位數，任意抓出一堆米粒後，假設得出11點，11點必須要除以10求餘數，得出餘數等於

1，個位數就是1。(若投抽出10點以下，就可以直接當成個位數，不必再求餘數，若10剛好整除，就剛好等於0，但若十位數跟個位數都是0時，就必須要重新抽籤)

四、尋找呂仙祖靈籤第十一籤，並依照所求事項，來觀看靈籤解答。

五、假設是詢問【考運】，則靈籤解答如下：

第十一籤：中

果老星宗　子平神煞

數合太極　五行生剋

籤曰：

事業運方面，多跟週遭的人配合，建立良好關係，將有助於開展，做生意的話，要符合市場的需求，以及顧客的喜好，這樣才會有商機，才有利潤可圖。找工作的人，要尋找有興趣的工作，對於不熟悉的環境，就盡量避免去接觸。問考運的話，不要勉強自己，每個人的資質不同，不用太在意成績，只要努力就可以。

呂仙祖靈籤（事業考運）

第一籤：上

　　茅閣正一道　　法藏言之詳

　　祖意丹圭訣　　升上大羅天

　　籤曰：

　　事業運方面，要多跟人家合作，不要太自私自利，這樣前景才會光明。做生意的話，要維持正當的原則，不要想走旁門左道，自然會有豐富收穫。找工作的人，會有貴人牽引指點，迅速找到理想職務，有發揮所長的空間。問考運的話，先辛苦勤勞的唸書，暫時不要想其他事情，到要表現的日子，就會看見好成績。

第二籤：中

　　終有人立志　　衝飛九天觀

　　羅浮終南路　　兩口為宗師

　　籤曰：

　　事業運方面，欠缺實際經驗的話，就要努力去學習，多跟有經驗的人請教才是。做生意的話，要懂得開口說

話，研究推銷產品的方式，便能使業績上升。找工作的人，可以從自己的興趣志向，或是能力方面來尋找，會比較有消息。問考運的話，要先確立好目標，茫茫大海裡撈針，是沒有辦法累積實力，發揮應有的效果。

第三籤： 下

沐浴委志入竅　混沌藏精氣

雞兔之月及十二

籤曰：

事業運方面，暫時會有羈絆，無法專心投入，要靜待時機來臨。做生意的話，沒有按照規行事，有不老實的現象，遲早曝光讓人責罵，而失去本身信譽。找工作的人，不曉得自己的興趣，到處胡亂尋找，只是浪費時間而已。問考運的話，放不下貪玩的念頭，對於讀書沒有心思，這樣前往應試的話，恐怕名落孫山。

第四籤： 上

禮義仁和睦　忠烈將相骨

只知心在漢　曹兵不許稱

籤曰：

事業運方面，若想要跳槽發展，應該要打消念頭，近日內就會有升遷的機會，凡事要三思而後行。做生意的話，對於不熟悉的門路，盡量不要去接觸，以避免損失。找工作的人，可以透過以前的關係，來幫忙尋找會比較快。問考運的話，要先做好讀書規劃，然後按部就班執行，隨著時間的增長，就有意想不到的效果。

第五籤：中

新月庚申　潮汐更新
朔望晦弦　子午卯酉

籤曰：

事業運方面，有些時候不要眷戀，該換跑道發展的時候，態度就要當機立斷，立刻著手進行才是。做生意的話，面對環境的變遷，要有長遠的眼光，才能使自己立於不敗之地。找工作的人，要不斷的嘗試機會，一定會有滿意的結果。問考運的話，學習的方法若錯誤，效率自然大打折扣，應該要盡快改善，才有幫助。

第六籤：下

道佛相爭　孔儒兩殺

唐韓宋程　兩代有福

籤曰：

事業運方面，雖然想爭取表現，但是別人搶先一步，自己只能懊悔而已，做生意的話，面臨同業的威脅，加上削價的手段，情勢會每況愈下，最後無利可圖。找工作的人，待遇福利良好，但無奈僧多粥少，競爭相當激烈，錄取恐怕無望。問考運的話，不好好求上進，反而游手好閒，在考試的時候，也只能抱抱佛腳。

第七籤：上

玄將護道歷四海　千朝萬帝稱神公

老號三峰張道士　梅花有契入江湖

籤曰：

事業運方面，有相當豐富的經驗，對於交代的任務，能迅速處理妥當，是值得主管信賴的人。做生意的話，要熟悉趨勢的發展，懂得變通，就不用擔心被淘汰。找工作

的人，對於陌生的行業，就盡量不要接觸，要找熟悉的才好。問考運的話，在老師細心的指導下，實力增進了不少，考試會十拿九穩。

第八籤：中

四書五經為易言
故康節數窮於易

籤曰：

事業運方面，要懂得聽他人的勸言，凡事要謹慎考慮，才不會吃虧在眼前。做生意的話，做事情要有條有理，不要隨便自做主張，這樣才能長長久久，賺進穩定的利潤。找工作的人，要能表現自己的優點，多說點未來的期許，別人的印象才會良好。問考運的話，對老師的指點，不要有所懷疑，要能虛心受教才是。

第九籤：下

儒生學孔孟　程朱入太廟
進士三不第　黃粱夢覺醒

籤曰：

事業運方面，主管對你印象不佳，若不肯努力補救，升遷加薪恐怕無望。做生意的話，由於不善經營，但又不肯放棄，會欠下大筆債務。找工作的人，整天只愛做白日夢，不老老實實的做事，就算找到工作，也沒辦法做長久。問考運的話，不愛認眞的唸書，老師的苦口婆心，全都當成耳邊風，考試結果可想而知。

第十籤：上

斬法用道訣　　誠敬通天地
志氣伏鬼神　　故不需用術

籤曰：

事業運方面，雖然身邊有小人，但自己憑著良心做事，對方也無可奈何。做生意的話，要正直的行事，對有問題的部分，就要檢討反省，生意自會興旺。找工作的人，要誠心誠意的應徵，表達自己的理想，錄取就大有希望。問考運的話，不良的唸書習慣，要修改過來，保持正確的態度，將引領你走向成功。

第十一籤：中

果老星宗　子乎神煞

數合太極　五行生剋

籤曰：

事業運方面，多跟週遭的人配合，建立良好關係，將有助於開展，做生意的話，要符合市場的需求，以及顧客的喜好，這樣才會有商機，才有利潤可圖。找工作的人，要尋找適合的興趣，對於不熟悉的環境，就盡量避免去接觸。問考運的話，不要去勉強自己，每個人的資質不同，不用太在意成績，只要努力就可以。

第十二籤：下

不笑不為道

爻辭有險易

籤曰：

事業運方面，若為了升遷調職，用不正當的手段，將會遭到他人唾棄。做生意的話，有偷雞摸狗的行為，以為神不知鬼不覺，但別人其實一清二楚，將會因此而嚐到苦頭。找工作的人，不知道什麼適合，會盲目的去尋找，但是都做不長久。問考運的話，態度顯得太過自負，因而有

輕忽的現象，成績不如原先所預期。

第十三籤：上

丹是神聖作　心是爾我根

忘之即賢哲　修之即成聖

籤曰：

事業運方面，面對未來的挑戰，心態上要更堅持，經過一番磨鍊後，就能夠成大器。做生意的話，盡力做好自己的本分，並且懂得替客戶著想，等到口碑建立之後，就不怕沒生意上門。找工作的人，難免會有煎熬，心態要能調適，工作就能勝任愉快，能有貴人賞識提拔。問考運的話，繼續深入研究，自有一片天地。

第十四籤：中

承貞天合寒山詩

文殊捨得天地心

籤曰：

事業運方面，要多進修充實，才能保持專業，而不被淘汰，做生意的話，誠實的原則不可改，客戶才會相信依

賴，願意繼續跟你做生意。找工作的人，不要害怕工作辛苦，或是待遇福利不佳，所謂萬事起頭難，撐過去就沒事了，問考運的話，成績不代表一切，重要是其中過程，有沒有學到東西，才能夠實際運用。

第十五籤：下

梧桐鳳朝地　　常遊戲之邱

哈哈一笑之　　忘恩負義休

籤曰：

事業運方面，若欠缺感恩的心情，別人會逐漸疏遠，你將失去助力。做生意的話，業務上的來往，最近要多注意，對方恐怕心懷不軌，想趁機會騙取利益。找工作的人，人家介紹的工作，自己不但沒感謝，反而還咒罵對方，彼此將產生嫌隙。問考運的話，心思都放在玩樂上，唸書的時間都沒有，成績將會一落千丈。

第十六籤：上

楞伽心法　　楞嚴精微

金剛神明　　圓覺悟法

籤曰：

事業運方面，若全心全意的投入，就會帶來相對的報酬，做生意的話，要運用心思開創，想出新奇的點子，讓大家覺得受吸引，業績自然就會增加。找工作的人，在面試應徵的時候，要突顯自己的優點，盡量表現積極態度，就很有希望錄取。問考運的話，先掌握唸書的訣竅，吸收能力就會提昇，有助於成績的進展。

第十七籤：中

希同日月　　悟真互藏
靈源真思　　希範火符

籤曰：

事業運方面，合作夥伴要慎選，就能夠互相幫助，創造卓越的成就。做生意的話，要有長久的考量，不要太短視近利，人脈會是成功的不二法門。找工作的人，盡量要能創意發揮，若太過呆板的職務，恐怕不符合自己的個性。問考運的話，有任何問題的話，要懂得尋找解答，並且能舉一反三，才算是吸收進去。

第十八籤：下

儒以禮用　道以戒生

兩相搭配　合乎性情

籤曰：

事業運方面，要留意人際關係，不小心得罪他人，將可能帶來糾紛。做生意的話，商場來往的規矩，要能遵守不違背，不然將遇到阻礙，而造成損失。找工作的人，要符合徵才的條件，否則就算前去應徵，恐怕只是白費力氣。問考運的話，按照進度來閱讀，就會看見實際成效，但若鬆懈怠惰的話，就沒有希望錄取。

第十九籤：上

易言道　詩話性

春秋史　樂閱志

籤曰：

事業運方面，要配合公司的政策，盡量提出正面見解，就會被肯定而提拔，做生意的話，閱讀相關的資訊，增加自己的創意，就能激發出靈感，能賺進更多財富。找

工作的人，保持樂觀的態度，不斷的尋找機會，就會出現
滿意的職務。問考運的話，讀書雖然有壓力，但畢竟為了
自己，若能夠調適心情，見解將不同。

第二十籤：中

> 忘情太上　弗人是佛
>
> 仁義程朱　賢哲士語

籤曰：

事業運方面，有貴人出面提拔，自己要放手去做，爭
取最佳的表現。做生意的話，對於顧客的建議，盡量要多
加重視，就能夠增加客源。找工作的人，參考別人的經
驗，做好應徵的準備，等到面試的時候，就可以發揮效
果。問考運的話，老師的苦口婆心，若能夠聽得進去，會
產生激勵的作用，將帶來很大的幫助。

第二十一籤：下

> 下馬做文章　鐵漢夜思量
>
> 太白杯中物　非爾可得償

籤曰：

事業運方面，不要太自以爲是，批評別人的看法，凡事要留點餘地才好。做生意的話，財源方面受到阻礙，會有週轉不靈的現象，應該避免額外的開銷，一切行事保守低調爲宜。找工作的人，到處奔波卻沒有收穫，只好暫時耐心的等待。問考運的話，要曉得自己的能耐，學習不要負荷過度，才能保持最佳的狀態。

第二十二籤： 上

化胡誤人　鬪佛是賢

虛雲賢哲　櫻寧圓滿

籤曰：

事業運方面，同事間要懂得互相激勵，不要隨便排斥他人，就會建立良好關係。做生意的話，可到異鄉去觀摩學習，了解當地的經濟發展，會有不少實際的收穫。找工作的人，偶然間認識的朋友，會熱心幫助你尋找，相信很快就有消息。問考運的話，要向別人看齊來學習，讀書效果會比較明顯，成績將會大幅的提昇。

第二十三籤： 中

人爲仙佛　哲是聖賢

誰名此道　一脈眞傳

籤曰：

　　事業運方面，要先確定好志向，才有打拚的方向，最好有實際的對象，可以加以觀摩學習。做生意的話，多看相關的書籍報導，來吸收他人的經驗，在實際操作經營時，會有意想不到的效果。找工作的人，會有認識的熟人，拉拔你進工作崗位，讓你有發揮的機會。問考運的話，天資相當聰穎，只要認眞就能上榜。

第二十四籤：下

神寧谷　入鄉間

訪元帥　爲危困

籤曰：

　　事業運方面，工作上會遇到瓶頸，應該快想辦法解決，可以尋找相關人士，提供解決問題的方法。做生意的話，行動要積極大膽，不可以畫地自限，隨著市場的趨勢，做出相對的因應才行。找工作的人，時機不是很恰當，找不到什麼工作，只能夠碰碰運氣。問考運的話，要

提前做好準備，臨時抱佛腳是沒有希望的。

第二十五籤： 上

　　水上順風催　　高才得意揮

　　學成文武藝　　自有好栽培

籤曰：

　　事業運方面，多學習相關專長，競爭力就能增強，不太被別人淘汰，能保持領先地位。做生意的話，時機正處於順境，買賣都可以獲利，應該要把握機會，大膽出擊才是。找工作的人，要先了解興趣，以及自己條件，做好規劃之後，再詳細的尋找，就能事半功倍。問考運的話，原本資質不錯，努力即可成功。

第二十六籤： 中

　　自淡河洛周天數　　演到出門交有功

　　一生際會滇龍馬　　不用躊躇自合行

籤曰：

　　事業運方面，依照原本的步調，不要去忌妒別人，專心份內的工作，自然會有路可走。做生意的話，近日有貴

人出現，自己要多加留意，不要怠慢了對方，否則將錯失良機，沒辦法有所收穫。找工作的人，利用人際的關係，尋找各種的機會，不要限制住自己，問考運的話，只管認眞唸書，面對考試就不會緊張。

第二十七籤：下

> 黃金自重　人天兩映
> 春花秋果　何悔何吝

籤曰：

事業運方面，重視人際關係，不然發生問題，就沒人來幫你，將會陷入困境。做生意的話，自己想投機取巧，希望能一步登天，但聰明反被聰明誤，反而損失很慘重。找工作的人，急著想要有收入，但天偏不從人願，怎麼樣也找不到，只能夠暫時等待。問考運的話，由於運氣不好，成績不太理想，必須重新來過。

第二十八籤：上

> 陰德不是非凡事　積善之家慶有餘
> 厄去福來天湊巧　龍飛虎躍一雞啼

籤曰：

事業運方面，平常就熱心助人，肯付出，又吃苦耐勞，能獲得他人器重，很快就可以出頭，做生意的話，眼光正確，加上懂得抓時機，投資將大發利市，可以名利雙收。找工作的人，只要寄出履歷，就會有好消息，不用太過擔心，一切順其自然。問考運的話，累積的實力，只要以平常心應試，就可獲得好成績。

呂仙祖靈籤（感情財運）

第一籤：上

> 茅閭正一道　　法藏言之詳
>
> 祖意丹圭訣　　升上大羅天

籤曰：

感情運勢方面，若還是單身的人，開口向對方來表示，對方才會明白知道，並用實際的行動證明，就可以獲得美滿結果。已經有對象的話，珍惜眼前的一切，幸福不用向外找，身邊就唾手可得。在財運方面，要評估情勢的發展，主動去吸收資訊，並且請教有經驗的人，再做出決定也不遲，如此能夠增加成功的機會。

第二籤：中

> 終有人立志　　衝飛九天觀
>
> 羅浮終南路　　兩口為宗師

籤曰：

感情運勢方面，若還是單身的人，在目標確定之後，就不要動搖放棄，只要能堅持到底，積極勇敢的行動，最

後一定能成功。已經有對象的話，努力求取上進，讓對方感受希望，感情自然會親密，共創幸福的將來。在財運方面，雖然有自己的想法作風，但偶爾參考別人的意見，才不會中途出錯，造成吃虧上當。

第三籤：下

沐浴委志入竅　混沌藏精氣
雞兔之月及十二

籤曰：

感情運勢方面，若還是單身的人，喜歡的對象，不是很理想，最好放棄追求，另外去尋找伴侶，才不會受到傷害，已經有對象的話，將有第三者介入，破壞彼此的信任，若無法挽救的話，也只能夠看開。在財運方面，情況呈現混亂不明，暫時不要輕舉妄動，應該先觀察環境發展，隨著趨勢來調整腳步，才是上上之策。

第四籤：上

禮義仁和睦　忠烈將相骨
只知心在漢　曹兵不許稱

籤曰：

　　感情運勢方面，若還是單身的人，競爭的對手眾多，會讓你有點退卻，但應該振作精神，誠心誠意的追求，就算失敗也不會有遺憾。已經有對象的話，感情十分融洽，沒有什麼阻礙，會願意堅守在一起，來度過任何的難關。在財運方面，看準時機就要出手，態度上不猶豫，就會搶先別人一步，而得到豐厚的報酬。

第五籤：中

　　新月庚申　　潮汐更新
　　朔望晦弦　　子午卯酉

籤曰：

　　感情運勢方面，若還是單身的人，現在時機已經成熟，緣分近日就會來到，多注意身邊對象，會有意外的發現。已經有對象的話，用點心思和創意，來博取對方歡心，對方將會受寵若驚，給予你更多的回報。在財運方面，按照當初投資的計劃，現在正是回收的時刻，可以享受甜美的果實，但不可因此得意忘形。

第六籤：下

道佛相爭　孔儒兩殺

唐韓宋程　兩代有福

籤曰：

感情運勢方面，若還是單身的人，用情不是很專一，讓許多人很排斥，若不加以改正的話，恐怕追不到對象。已經有對象的話，你私下的戀情，會意外的曝光，要向對方坦承一切，否則問題將無法解決。在財運方面，有人上門來談事情，是關於合作的計劃，會讓你拿不定主意，應該要三思而後行，不要太快答應承諾。

第七籤：上

玄將護道歷四海　千朝萬帝稱神公

老號三峰張道士　梅花有契入江湖

籤曰：

感情運勢方面，若還是單身的人，長輩會幫忙介紹，用不著太過擔心，只要前去赴約，表現良好風度，就會有好結果。已經有對象的話，所交往的對象，既成熟又穩

重，能給你許多的建議，成爲你的得力助手。在財運方面，相關的經驗豐富，眼光也夠放長遠，不侷限於小地方，若覺得條件適當，就能投資而獲利。

第八籤：中

四書五經爲易言

故康節數窮於易

籤曰：

感情運勢方面，若還是單身的人，追求的過程中，會有許多阻礙，面對變化的情勢，要能夠謹愼仔細，發現任何的不對勁，就要趕快抽身而退。已經有對象的話，要多跟對方溝通，盡量關心對方需求，就會增加彼此的信任。在財運方面，凡事要持續努力，不可以半途而廢，如果發現問題，要趕快解決，不能夠拖延。

第九籤：下

儒生學孔孟　　程朱入太廟

進士三不第　　黃粱夢覺醒

籤曰：

感情運勢方面，若還是單身的人，對方其實心懷不軌，對你將會另有所圖，若沒有即時警覺，恐怕會吃虧上當。已經有對象的話，彼此的觀念不合，爭執也無濟於事，不如就協議分手，各自去尋找幸福，在財運方面，腳踏實地的行事，才可能帶來收穫，若走旁門左道的話，短時間雖然會獲利，但終究會導向失敗。

第十籤： 上

斬法用道訣　誠敬通天地
志氣伏鬼神　故不需用術

籤曰：

感情運勢方面，若還是單身的人，表現出熱情模樣，多跟異性聊天，增加彼此的好感，自然就獲得青睞，而有交往的可能。已經有對象的話，彼此的默契十足，眼神就能夠交流，讓週遭的人羨慕，是被祝福的一對。在財運方面，多運用一些技巧，來提高成功機會，但有時候要順其自然，強求反而會導致失敗。

第十一籤： 中

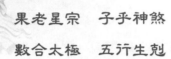

果老星宗　子乎神煞

數合太極　五行生剋

籤曰：

　　感情運勢方面，若還是單身的人，彼此個性合的來，這點會比較重要，若太過重視外表，會忽略心靈溝通，反而會引發更多爭執。已經有對象的話，任何事情都是相對的，因此發生問題的時候，將先冷靜的檢討自己，而不要怪對方太計較。在財運方面，夥伴的選擇很重要，會直接影響到成敗，不得不謹慎而行。

第十二籤：下

不笑不爲道

爻辭有險易

籤曰：

　　感情運勢方面，若還是單身的人，選擇錯誤的對象，遭受到感情打擊，自己怨不得別人，只能夠療傷止痛來度過，已經有對象的話，相處出現嫌隙，要趕快重修舊好，否則將出現危機。在財運方面，表面看似良好的機會，但私下卻暗藏危機，最好採取試探的方式，不要馬上全部都

投入，就能減少損失的風險。

第十三籤：上

丹是神聖作　心是願我根

忘之即賢哲　修之即成聖

籤曰：

感情運勢方面，若還是單身的人，要懂得提昇條件，打造完美的一面，而不要自甘墮落，別人才願意肯定，自然就交得到對象。已經有對象的話，由於能互相鼓勵，各自去發展事業，會像親密的夥伴，彼此將合作無間。在財運方面，建立良好的人際，隨著時間的增加，就會獲得越多的資源，在決策時會很有幫助。

第十四籤：中

承貞天台寒山詩

文殊捨得天地心

籤曰：

感情運勢方面，若還是單身的人，不要嫌棄自己的條件，要繼續的努力打拚，雖然目前沒有人陪伴，但總有一

天會如願以償。已經有對象的話，感情就是要能體諒，有時要替對方著想，要有犧牲奉獻的精神，感情才會長長久久。在財運方面，想要獲得報酬，就要有所付出，若只想著不勞而獲，那只是痴人說夢而已。

第十五籤：下

梧桐鳳朝地　　常遊戲之邱
哈哈一笑之　　忘恩負義休

籤曰：

感情運勢方面，若還是單身的人，雖然感情相當重要，但不是全部的生活，如果遭遇挫折失敗，應該要能夠看的開，心情的鬱悶就能紓解。已經有對象的話，由於心態的關係，喜歡到處拈花惹草，若對方另結新歡，自己也不用太過訝異。在財運方面，自己太過疏忽，會被人給欺騙，而損失不少金錢，心情也跌落谷底。

第十六籤：上

楞伽心法　　楞嚴精微
金剛神明　　圓覺悟法

籤曰：

感情運勢方面，還是單身的人，若有欣賞的異性，要找機會接近聊天，多多關懷對方，就能拉近彼此的距離。已經有對象的話，在心靈層次的溝通，遠比物質來的重要，若能夠互相體諒，自然就有好結局。在財運方面，平常就要細心觀察，週遭人事物的變化，特別是市場的趨勢，會影響投資的成效。

第十七籤：中

希同日月　　悟真互藏

靈源真思　　希範火符

籤曰：

感情運勢方面，若還是單身的人，身邊有人正暗戀你，只是你一直沒發覺，對方近日內就會表示，自己要有心理準備才好，已經有對象的話，對方很照顧關心你，讓你覺得非常窩心，感情將大有進展，在財運方面，別人想不到的創意，自己要大膽的發揮，雖然難免會有壓力，但會成為寶貴經驗，有助於日後的投資。

第十八籤：下

儒以禮用　道以戒生

兩相搭配　合乎性情

籤曰：

感情運勢方面，若還是單身的人，由於太衝動急躁，對於喜歡的異性，有些無禮的舉動，這讓對方很不滿，可能會拒絕你的追求。已經有對象的話，對方的作風拘緊，這跟你格格不入，彼此相處的時候，顯得很不習慣，會產生嚴重的隔閡，在財運方面，過分貪圖利益，將會惹禍上身，態度應該收斂，才不會出事情。

第十九籤：上

易言道　詩話性

春秋史　樂閱志

籤曰：

感情運勢方面，還是單身的人，若不是很了解對方，不妨從對方的朋友來認識，說不定會得到有用的消息，讓你更能掌握對方的心思。已經有對象的話，彼此的話題很

多，可以從中培養興趣，除了可以學習知識，也可以增加感情交流。在財運方面，心境上會比較平靜，不會顯得那麼執著，金錢方面會順其自然發展。

第二十籤：中

忘情太上　弗人是佛

仁義程朱　賢哲士語

籤曰：

感情運勢方面，若還是單身的人，對方的身影風采，會讓你難以忘懷，若真想追求對方，就該趁早行動，以免別人捷足先登。已經有對象的話，若產生溝通問題，自己沒辦法解決，應該趕快找人協調，來化解彼此尷尬的局面。在財運方面，對於來路不明的錢財，就應該拒絕接受，以免被牽連拖累，陷入糾紛當中。

第二十一籤：下

下馬做文章　鐵漢夜思量

太白杯中物　非爾可得償

籤曰：

感情運勢方面，若還是單身的人，有些事不可以強求，特別是感情的事情，一定要雙方你情我願，感情的發展才會有好結果。已經有對象的話，感情會發生問題，在心裡會有芥蒂，若不能好好的處理，將會有第三者介入。在財運方面，交際應酬的時候，要注意自己儀態，才不會因為喝醉酒，而做出失禮的事情。

第二十二籤： 上

化胡誤人　闢佛是賢
虛雲賢哲　櫻寧圓滿

籤曰：

感情運勢方面，若還是單身的人，近日會有出遊的可能，途中會認識不少朋友，其中有條件不錯的異性，對方將會讓你產生好感。已經有對象的話，對方有些行事原則，是較堅持己見的，就不要那麼嫌棄，多多包容對方才是。在財運方面，人際關係若能夠圓滿，開展業務會比較順利，自然就能生意興隆、財源滾滾。

第二十三籤： 中

人爲仙佛　哲是聖賢

誰名此道　一脈眞傳

籤曰：

感情運勢方面，還是單身的人，因爲對方是死心眼的
人，若你一直無法確定，是否眞的喜歡對方，勸你就不要
苦苦糾纏，趁早放對方自由。已經有對象的話，彼此都很
信任對方，願意替對方犧牲奉獻，無論什麼樣的困難，相
信都能攜手度過。在財運方面，要堅持一定的原則，不要
變換不定，金錢方面才可能存守的住。

第二十四籤：下

神寧谷　入鄉間

訪元帥　爲危困

籤曰：

感情運勢方面，若還是單身的人，本身沒有什麼人
緣，又很少跟人打交道，所以大家都不了解你，你應該改
變形象，才有戀愛的機會。已經有對象的話，對方覺得壓
力很大，會找藉口逃避，或故意疏遠你，暫時就讓彼此靜
一靜，冷靜思考未來發展。在財運方面，會陷入危機當

中，信用有可能破產，要快想辦法補救。

第二十五籤：上

水上順風催　高才得意揮

學成文武藝　自有好栽培

籤曰：

感情運勢方面，若還是單身的人，最近有表現機會，在眾人面前曝光，知名度將會提昇，人緣也跟著好轉，能認識交往對象。已經有對象的話，凡事要順其自然，不需要特意勉強，應該屬於自己的，終究是不會跑掉。在財運方面，會有不錯的靈感，懂得去利用情勢，替自己創造財富，將令人刮目相看，而有好結果。

第二十六籤：中

自從河洛周天數　演到出門交有功

一生際會滇龍馬　不用躊躇自合行

籤曰：

感情運勢方面，若還是單身的人，遇見心儀的對象，最好是趕快行動，但必須按部就班，不可以操之過急，以

免嚇壞了對方。已經有對象的話，雖然才在一起不久，但彼此之間很有好感，所以不怕任何阻礙，能夠堅定意志，替將來著想發展，在財運方面，要勤勞的奮鬥，不懶散，看見機會要把握，就會如願以償。

第二十七籤：下

黃金自重　人天兩映

春花秋果　何悔何吝

籤曰：

感情運勢方面，若還是單身的人，現在前途茫茫，姻緣尚未成熟，應該平心靜氣，不能勉強要求，才能減少煩惱。已經有對象的話，將發生口角誤會，任憑怎麼去解釋，就是不能夠平息，最好有心理準備，隨時都可能分手。在財運方面，做什麼都會失敗，處境相當的艱難，應該靜觀其變，不要繼續投資，以避免虧損。

第二十八籤：上

陰德不是非凡事　積善之家慶有餘

厄去福來天湊巧　龍飛虎躍一雞啼

籤曰：

感情運勢方面，若還是單身的人，緣分是天註定，若緣分沒有來到時，無須哀聲嘆氣，只要認眞行事，一切就能順利。已經有對象的話，彼此條件差不多，而且又門當戶對，只要經濟沒問題，父母也同意的話，就可以考慮結婚。在財運方面，遇到困難要解決，不可以因此退縮，憑著自己的信心，就能扭轉乾坤，賺進錢財。

肆、土地公靈籤簡介

福德正神

從前有一個收稅官，名叫張福德。他非常愛護百姓，如果百姓一時繳不出稅，他會寬緩些日子；要是真的沒有能力繳稅，他就自己拿錢貼補；百姓遇到困難，他也會盡力去幫助他們。每天就看著他流著汗在田埂間、市街上奔來跑去，為人們的事情而忙碌。

他死後，新任的稅官很壞，他不但催逼百姓納稅，更時常虐待他們。沒多久，大家就非常受不了，感到痛苦萬分。百姓懷念張福德的好處，於是在田野中風景最好的地方為他和張夫人立祠，尊稱他為「福德正神」，他們就成為當地的土地公、土地婆了。百姓們常去燒香祭拜，向土地公祈求庇佑。

肆、土地公靈籤簡介

一、土地公靈籤

中國人自古以農立國，所以很重視農業，因為要栽種五穀，有了五穀才能生存，對土地自然產生崇拜，於是就產生神祇膜拜，這就是土地神的由來。土地公又叫做福德正神，是掌管土地的神明，但轄區範圍不是很大，通常是一鄉一里而已，所以俗話常說：「田頭田尾土地公」。大多是保佑地方繁榮興盛，以及賜福祿給鄰近居民。

同時土地公另外又有職責，是暗中察訪人間善惡，每年定期向上天稟報，協助城隍爺來發落，無論在生之時，或人死後，都會給予一定的獎懲。而民間祭拜土地公，是因為土地公手執元寶，能夠幫助人們賺錢，所以只要誠心誠意的祈求，就能獲得土地公的關心，冥冥之中，財富就能夠累積興旺。再者，土地公除了能讓五穀豐收，還可以鎮壓鬼神，所以也可以保佑平安。

土地公一般的樣貌，都是頭戴著帽子，而面相稍微渾圓，帶有豐隆的福氣，眼睛眯眯的微笑，留著一搓白鬍鬚，坐在太師椅上面，一手拿著如意，一手拿著元寶，造型非常的討喜，受到大家的祭拜，成爲信徒的寄託。其中農曆二月二日，因爲是土地公的誕辰，商家都會舉行慶典，叫做「作牙」，以犒賞夥計、親友以及顧客，因爲是第一次招待，所以又叫做「頭牙」，替自己帶來福氣，而最後一次是十二月十六日，是最後一次作牙，所以就叫做「尾牙」，如此計算，農曆逢初二、十六祭拜土地公，一年就高達二十二次。

　　台灣北部著名的土地公廟，也就是中和烘爐地的南山福德宮，已經有兩百多年歷史，每年的農曆二月初二，就有大量信徒湧入，爲土地公來祝壽。而平常的時候，一些房屋仲介的業務人員，遇到業績無法突破，或是有什麼困難時，都會前來上香禱告，希望土地公幫忙指點，據說效果很顯著，讓很多人來還願。因此就土地公的特性，對於從事農業或是店面生意，以及業務人員來說，靈籤具有指引的效果。

靈籤說明與案例導讀

關於靈籤的由來，若有前往寺廟拜拜，就會知道那是什麼，其實也就是占卜問卦，只不過對象不相同，內容項目也不同，一般人都會好奇想抽籤，不然就是在遭遇到困難，或是有難以決定的事情，想請求神明指點，在從前的社會中，對於信仰相當虔誠，所以抽籤是重大的事，絕對不可以馬虎，必須要準備牲禮、鮮花五果，並且焚香禱告，然後再利用擲筊的結果，來確定能否抽籤，以及確定抽到的籤，就是神明所要傳達的旨意。而現在人雖然文明，很多事能自行處理，很少有機會到廟裡抽籤，或者根本沒時間前往，但人難免會有疑惑，陷入無助的情況，這時就可以利用靈籤，來幫助我們解答疑惑，或許就會有幫助。

靈籤的使用除了傳統的方式，也就是擲筊抽籤之外，也有很多種方式，只要是心誠就會靈驗，而不用太在意形式。以下提供的方式，適用於各種靈籤，內容只是作為參考，而不是說一種靈籤只能有一種方式，或特定方式才能使用。

案例一：土地公靈籤

首先準備一副撲克牌，利用撲克牌來抽籤。

一、先知道靈籤的數目，像是二十八籤、或三十二籤。若假設是二十八籤。

二、接著利用撲克牌求十位數，任意抽出一支牌後，假設得出13點，13點必須除以3求餘數，得出餘數等於1，那麼十位數就是1。

三、接著利用撲克牌求個位數，任意抽出一張牌後，假設得出9點，9點不用除以10求餘數，那麼個位數直接就是9。(若投抽出10點以下，就可以直接當成個位數，不必再求餘數，若10剛好整除，就剛好等於0，但若十位數跟個位數都是0時，就必須要重新抽籤)

四、尋找土地公靈籤第十九籤，並依照所求事項，來觀看靈籤解答。

五、假設是詢問【財運】，則靈籤解答如下：

第十九首

畢竟西風起　悠悠遠客鳴

秋來休嫌冷　唯有月華明

籤曰：

最近的財運而言，前景看起來還不錯，很多條件在醞釀當中，只要耐心等待，自然就會水到渠成。經商做生意的話，必須非常的賣力，中途不可以鬆懈，否則將會錯失良機，而沒辦法賺到錢；想要求財的話，上半年比較沒助力，要靠自己想辦法，下半年就有機會出現，有貴人前來幫助。

案例二：土地公靈籤

首先準備一副撲克牌，利用撲克牌來抽籤。

一、先知道靈籤的數目，像是二十八籤、或三十二籤。若假設是二十八籤。

二、接著利用撲克牌求十位數，任意抽出一支牌後，假設得出點11，11點必須除以3求餘數，得出餘數等於2，那麼十位數就是2。

三、接著利用撲克牌求個位數，任意抽出一張牌後，假設得出8點，8點不用除以10求餘數，那麼個位數直接就是8。(若投抽出10點以下，就可以直接當成個位數，不必再求餘數，若10剛好整除，就剛好等於0，但若十位數跟個位數都是0時，就必須要重新抽籤)

四、尋找土地公靈籤第二十八籤，並依照所求事項，來觀看靈籤解答。

五、假設是詢問【工作】，靈籤解答如下：

第二十八首

軫當念八位　　思想不甘心

有話無相答　　宛然只相吟

籤曰：

在考試方面，非常的艱辛困苦，中途會發生變故，讓你遭受到打擊，要把心情穩定下來，才能應付考試難關。已經有工作的人，會遇到困難阻礙，要自己想辦法解決，不要老是依賴他人，這樣是不會有進步的；還沒有工作的人，已經送出去的履歷，近期內就會有回應，要耐心的等侯，錄取將不是問題。

案例三：土地公靈籤

首先準備一副撲克牌，利用撲克牌來抽籤。

一、先知道靈籤的數目，像是二十八籤、或三十二籤。若假設是二十八籤。

二、接著利用撲克牌求十位數，任意抽出一支牌後，假設得出點6，6點必須除以3求餘數，得出餘數等於0，那麼十位數就是0。

三、接著利用撲克牌求個位數，任意抽出一張牌後，假設得出7點，7點不用除以10求餘數，那麼個位數直接就是7。（若投抽出10點以下，就可以直接當成個位數，不必再求餘數，若10剛好整除，就剛好等於0，但若十位數跟個位數都是0時，就必須要重新抽籤）

四、尋找土地公靈籤第七籤，並依照所求事項，來觀看靈籤解答。

五、假設是詢問【疾病】，靈籤解答如下：

第七首

箕帚是夫妻　抓盡垢濁泥

一朝入玉殿　便得貴人扶

籤曰：

問身體健康方面，吉人自有天相，雖然目前病痛纏身，但只要接受正常治療，聽從醫生指示服藥，不用多久就可以痊癒。想要搬遷的話，過程比想像的順利，能夠掌握住情況變化，搬遷後心情也跟著好起來。要尋找失物方面，東西不見之後又找到，就要好好看管好，下次就沒那麼幸運了。

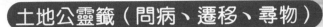

土地公靈籤（問病、遷移、尋物）

第一首

角聲三弄響　　無雪自心寒

勸君休愁慮　　合營人馬安

籤曰：

問身體健康方面，凡事不要太過操勞，要懂得適當的休息，就不會有什麼毛病，常保持身心愉快。想要搬遷的話，時機算滿恰當的，應該趕快進行，不要再拖延下去，以免情況發生變故。要尋找失物方面，要向東邊或西邊來找，就比較能夠尋獲，但東西有可能再遺失，需要小心看管才好。

第二首

亢宿屬金龍　　常行子丑官

暗藏身在未　　急急避他鄉

籤曰：

問身體健康方面，常常會有小毛病，讓你渾身不舒服，不過是沒什麼大礙，只須要調養一陣子，就可以恢復

187

正常。想要搬遷的話，不會有什麼阻礙，但最好趕快進行，上半年較有利，下半年較不利。要尋找失物方面，若是很久都沒找到，恐怕就尋不回來，七月、八月時要小心會再弄丟東西。

第三首

　　低頭偷舉眼　　暗想好佳人
　　與君相談話　　只恐未成親

籤曰：

　　問身體健康方面，若有疾病的話，情況會比較嚴重，但若經過治療後，就可以控制的住，不需要太過擔憂，想要搬遷的話，能找到適合的地點，應該快點敲定行程，早日完成搬遷的動作，免得夜長夢多。要尋找失物方面，原本不見的東西，又會忽然被找到，讓你心裡非常的高興，有失而復得的喜悅。

第四首

　　房中生瑞草　　原婦喜臨盆
　　合眷皆來慶　　麒麟是子孫

籤曰：

問身體健康方面，要留意病情的發展，不可以輕視忽略，才不會惡化嚴重，只要細心調養的話，就能夠完全康復，想要搬遷的話，一切都會進行的很順利，不會有什麼問題出現，只要注意交通安全就好。要尋找失物方面，身邊不見的東西，要向西邊去尋找，應該就可以找回來，但要注意再度遺失。

第五首

心事未分明　又恐被鬼驚

禍患難解救　暗路失明燈

籤曰：

問身體健康方面，先天體質就不佳，很容易感冒過敏，都會拖很久才會好，若是生重病的話，開刀住院恐怕逃不掉。想要搬遷的話，過程不是很順利，容易跟人發生糾紛，在有所行動之前，要考慮清楚才好。要尋找失物方面，由於自己過於招搖張揚，以至於財物有所損失，這就沒辦法埋怨別人。

第六首

頭與尾相似　不寒亦不溫

行人湏且止　宿客遍尋村

籤曰：

問身體健康方面，雖然有短暫的病痛，但忍耐一下子就好，按時定量服用藥物，健康就會恢復。想要搬遷的話，計劃需要提早進行，不要拖到下半年，搬遷後情勢能改變，自己將會有利可圖，要尋找失物方面，現在很難找的到，需要耐心等待，不用太過急躁煩憂，說不定會有希望找到。

第七首

箕帚是夫妻　抓盡垢濁泥

一朝入玉殿　便得貴人扶

籤曰：

問身體健康方面，吉人自有天相，雖然目前病痛纏身，但只要接受正常治療，聽從醫生指示服藥，不用多久就可以痊癒。想要搬遷的話，過程比想像的順利，能夠掌握住情況的變化，搬遷後心情也跟著好起來。要尋找失物

方面，東西不見之後又找到，就要好好看管好，下次就沒
這麼幸運了。

第八首

斗秤不公平　恐他不坐成

兩逢交易了　到處亦相爭

籤曰：

　　問身體健康方面，病情會越拖越嚴重，目前的醫療環
境不佳，應該趁早更換醫院求診，才能獲得更好的治療。
想要搬遷的話，最近運氣不佳，應該暫緩計劃，等待一陣
子再說，才不會招惹麻煩。要尋找失物方面，是很貴重的
物品，偏偏在需要的時候不見，讓你很著急難過，但卻都
於事無補。

第九首

牛飽欄中眠　牧童在眼前

若人知得我　快樂似神仙

籤曰：

　　問身體健康方面，原本沒起色的病情，在熟人的介紹

下，找到了高明的醫師，經過一段時間診療後，情況就會比較穩定。想要搬遷的話，可以透過朋友的關係，找到不錯的地點，要趕快進行，才能夠取得先機。要尋找失物方面，在東西不見的同時，會有很多人幫你尋找，相信沒多久就會順利找到。

第十首

女子覓良媒　通情便得成
相看談未了　好事自天來

籤曰：

問身體健康方面，只是一時的疏忽，沒能好好照顧自己，所以有感冒著涼的現象，只要吃藥多休息，就沒有什麼問題。想要搬遷的話，能夠很快看好地點，跟對方談妥價錢之後，馬上就可以進行，搬遷過程十分順利。要尋找失物方面，原本以為不見的東西，其實是隱藏起來看不到，害你白白擔心一場。

第十一首

虛心多鴻雁　汝必用虔誠
所來皆禰邊　頗始知汝情

籤曰：

問身體健康方面，病情有些每況愈下，必須時時刻刻注意，有什麼不對勁的話，就要趕快送醫治療，才不會發生危險。想要搬遷的話，商量過程不是很順利，彼此有溝通的困難，好不容易才談妥，但需要花時間整理。要尋找失物方面，要耐心的等待，自然就會有消息，東西應該很快就能找到。

第十二首

危途實可憂　　未免得無愁
相思千里外　　山水兩悠悠

籤曰：

問身體健康方面，自己不聽勸告，長期通宵熬夜，而且不節制酒色，因此身體抵抗力變差，染病後不容易治癒，還可能越來越嚴重。想要搬遷的話，臨時發生變故，讓你措手不及，事情比想像中複雜，沒那麼容易處理。要尋找失物方面，是被人家給偷走的，東西恐怕找不回來，自己要想的開才好。

第十三首

室家事已成　四序盡和平

若要心頭快　青雲足下生

籤曰：

　　問身體健康方面，雖然感到不舒服，但只要安靜休息，過幾天就會好，不可以做劇烈運動，或者長途跋涉的遠行。想要搬遷的話，行動時路上要小心，不要忽略交通安全，就不會發生意外，或造成額外的損失。要尋找失物方面，到處都找不到東西，但並不是憑空消失，應該是忘記放哪裡，需要花時間找找看。

第十四首

璧月掛雲間　游魚上急灘

欲捉魚與月　上下兩艱難

籤曰：

　　問身體健康方面，病情已經蔓延擴大，情況比想像中嚴重，雖然全力來搶救治療，但也只能盡人事、聽天命。想要搬遷的話，所選擇的地點不佳，應該重新考慮清楚，千萬不要意氣用事，最後吃虧的是自己。要尋找失物方

面，東西不見就算了，不用整天牽掛著，應該調整好心情，面對既定的事實。

第十五首

奎星報與君　汝且聽所聞
上看十一日　下看十八分

籤曰：

問身體健康方面，要謹慎選擇醫院以及看診的醫師，才不會耽誤病情，到時候無法收捨，那可就不太妙了。想要搬遷的話，對方願意讓步，就不要再咄咄逼人，趕快把事情結束，才不會又發生變化。要尋找失物方面，舊的不去、新的不來，不要太責怪白己，提起精神振作，面對事實才行。

第十六首

婁氏頭戴米　身穿子路衣
人人皆道是　我且堪猶疑

籤曰：

問身體健康方面，要相信目前的醫生，不要隨便聽信

讒言，而隨便換醫院治療，這樣病情恐怕發生變化，不如預期中理想。想要搬遷的話，對方的態度不佳，好言相勸也不理，應該趁早死心放棄，不要繼續糾纏下去。要尋找失物方面，花費一番的功夫，好不容易找回來，下次要小心看管，才不會又被偷盜。

第十七首

胃肚脈和調　　安身睡一宵
任他兵馬動　　我且自無聊

籤曰：

問身體健康方面，要注意平常的飲食，有毛病時要看醫生，不要隨便濫用藥物，才不會損害身體健康。想要搬遷的話，會有人居中介紹，很快就辦妥事情，你要懂得感恩回饋，別人才會繼續幫助你。要尋找失物方面，東西差點不見，讓你虛驚一場，下次要能收斂一點，不要隨便炫耀財物。

第十八首

星星頭戴日　　炎威亦不多
欲趁去附熱　　終久被拖磨

籤曰：

問身體健康方面，病情滿嚴重的，不是很樂觀，但不要輕易放棄，總是會有治癒的希望，要放寬心來面對才好。想要搬遷的話，路途不是很好走，讓你差點延誤時間，應該要事先規劃，才不會白白浪費時間。要尋找失物方面，錢財被人給偷走，自己卻完全不知情，等到結帳時才發現，讓你非常的嘔氣。

第十九首

畢竟西風起　　悠悠遠客鳴
秋來休嫌冷　　唯有月華明

籤曰：

問身體健康方面，要細心的觀察照顧，過一段時間就會有起色，不要隨便聽信偏方服用，這樣會有反效果出現，病情反而變得不穩定。想要搬遷的話，可以選擇遠距離的地點，不要侷限在某個範圍，說不定能找到更好的，要好好考慮清楚。要尋找失物方面，到近水的地方來尋找，就有希望順利找回來。

第二十首

嘴舌見山玉　凡人知吉凶
勸君念退步　恐久埋坑中

籤曰：

問身體健康方面，病情會有變化，要隨時密切注意，若無法控制住的話，要馬上就醫治療，不然就是轉換醫院或醫師。想要搬遷的話，可朝東邊方向尋找，會比較有好消息，若是朝西邊去的話，就不那麼理想。要尋找失物方面，最近的運勢不佳，要注意宵小來光顧，會有財物上的損失。

第二十一首

參宿元來吉　勸君不用疑
所求皆稱遂　好事大家知

籤曰：

問身體健康方面，運氣還算不錯，遇到了好醫生治病，不久就會恢復健康，若是小孩子的話，病情會比較嚴重，要比較費心照顧。想要搬遷的話，會煩惱不知要搬到那裡，其實遠近都不是重點，要真的有利發展才行。要尋

肆、土地公靈籤簡介

找失物方面，通常是在郊外掉的，跟草皮有關的場所；找
回的機會不大。

第二十二首

井泉清且甘　　薰風便是南
呼童來取水　　躍出步高岩

籤曰：

問身體健康方面，自己平時有保養，所以比較有抵抗
力，雖然不幸感冒著涼，也很快就會痊癒，不用太過擔心
煩惱。想要搬遷的話，會有人自動前來，要頂讓好地點給
你，你可以考慮接受，說不定正合你意。要尋找失物方
面，東西不見就算了，自責也沒有用，不如再買新的，會
比較划得來。

第二十三首

鬼祟做災殃　　關防守看羊
火中躍出馬　　回蹄卻無傷

籤曰：

問身體健康方面，通常是長期操勞工作，所累積下來

的疾病，必須要花時間調養，才不會再度發作，影響到正常作息。想要搬遷的話，可透過各種管道尋找，會比較省時又省力，最好是朝西邊尋找，會比較快有結果。要尋找失物方面，雖然財物有所損失，但數目並不是很多，是值得慶幸的事情。

第二十四首

　　柳絮笑春風　　向西又向東
　　行人開口笑　　可作老來翁

籤曰：

　　問身體健康方面，剛剛大病痊癒不久，生活暫時要節制，盡量不要出遠門，在家多休息才好。想要搬遷的話，恐怕有人懷恨在心，想要破壞你的計畫，要處處提防才好，否則情況將轉變不利。要尋找失物方面，自己不小心弄丟的，想要怪誰也沒有用，要能勇於承擔責任，不要找藉口來推託。

第二十五首

　　星辰光燦爛　　河溪一路通
　　牛女纔相見　　淚後各西東

籤曰：

問身體健康方面，身體雖然沒有毛病，也不能太過操勞，要懂得按時保養，才能常保身心健康。想要搬遷的話，要注意對方的舉動，是否在暗地裡搞鬼，免得到時出問題，變成冤大頭就不好。要尋找失物方面，有心人覬覦很久了，若稍有閃失的話，就會被對方得逞，財物將有所損失。

第二十六首

張舍出賢人　　流傳代代新
到頭歸澗谷　　此事實爲眞

籤曰：

問身體健康方面，病情要按時服藥，不要中途間斷，效果才不會打折扣，也會有好轉的跡象。想要搬遷的話，不要過於執著，非要某個地點不可，若不能如願，恐怕影響到情緒，會有激烈的反應。要尋找失物方面，自己一時的大意，忘記把東西拿走，最後被人尋獲送回，讓你鬆了一口氣。

第二十七首

翼飛萬里程　引去在雲霄

一旦風雲起　身歸雪裡飄

籤曰：

問身體健康方面，多半是慢性的疾病，沒辦法完全治癒，只能控制病情而已，要依照醫生的指示，病情才不會繼續惡化。想要搬遷的話，過程非常的順利，一切都還算安好，知名度能夠提昇，讓你有利可圖。要尋找失物方面，東西能很快被找到，下次不要這麼招搖、引人注目，要注意財物的保管。

第二十八首

軫當念八位　思想不甘心

有話無相答　宛然只相吟

籤曰：

問身體健康方面，會拖上一段時間，病情才會有轉變，要耐心的治療，不要嫌過程辛苦，才有希望痊癒，想要搬遷的話，辛苦的尋找，就是沒有消息，但還是要暫時忍耐，慢慢來挑選地點，會比較妥當理想。要尋找失物方

面，運勢不佳，有破財的現象，東西丟掉就算了，人能夠平安比較要緊。

土地公靈籤（感情婚姻）

第一首

角聲三弄響　無雪自心寒

勸君休愁慮　合營人馬安

籤曰：

感情運勢來看，有一波三折的現象，不過上天如此的
安排，是告訴你要珍惜眼前緣分，不要辜負了他人心意。
選擇對象方面，要尋找彼此條件相等的，千萬不要眼高手
低，到頭來只會徒勞無功，浪費時間金錢而已。已經有伴
侶的人，要懂得知足常樂，不要再到處留情，若能專一鍾
情，對方會成為你最佳的左右手。

第二首

亢宿屬金龍　常行子丑官

暗藏身在未　急急避他鄉

籤曰：

感情運勢來看，不是說很理想圓滿，老是遇到不好的
對象，結局經常傷心落淚，黯然孤獨的離去。選擇對象方

面，會有人在暗處喜歡你，可是你從來沒有發現，若時間再拖下去，恐怕錯失機會。已經有伴侶的人，彼此的感情變淡，會有第三者介入，你應該選擇退出，不要跟對方藕斷絲連，要徹底的分開才好。

第三首

低頭偷舉眼　暗想好佳人
與君相談話　只恐未成親

籤曰：

感情運勢來看，會有人主動前來搭訕，希望能夠認識你，主導和掌握權都在你的一念之間。選擇對象方面，其實你有喜歡的異性，但卻遲遲不敢行動，對方對你其實也有好感，你要大膽行動才行，不要怕丟臉或害羞。已經有伴侶的人，跟對方有口角衝突，關係變的緊張不親密，需要趕快補救，否則將會分手。

第四首

房中生瑞草　原婦喜臨盆
合眷皆來慶　麒麟是子孫

籤曰：

感情運勢來看，到處去尋尋覓覓，卻始終沒有著落，勸你不要太感傷，凡事順其自然就好，一定能等到註定的緣分。選擇對象方面，個性盡量要活潑大方，不要太過安靜內向，否則彼此將無法適應，在一起的情況不理想。已經有伴侶的人，彼此容易相隔兩地，見面的機會很少，感情目前雖然很甜蜜，也要慎防變淡。

第五首

心事未分明　又恐被鬼驚
禍患難解救　暗路失明燈

籤曰：

感情運勢來看，剛開始進行得還不錯，但後來受到其他因素的影響，導致感情發生變化，而最後沒有結果。選擇對象方面，對方的異性緣不錯，你的心胸要寬大才行，否則經常容易吃醋，反到讓對方吃不消。已經有伴侶的人，對感情不是很重視，有點像是遊戲的心態，結果私下的戀情曝光，對方將會憤而離去。

第六首

頭與尾相似　不寒亦不溫
行人滇且止　宿客遍尋村

籤曰：

感情運勢來看，你現在不太在乎感情，會希望以事業為主，雖然身邊不乏異性，但心動的機會很小。選擇對象方面，要挑跟你個性相近的，不要選擇外表亮麗，但內心卻貧乏的人，最後受害的反而會是自己。已經有伴侶的人，要好好珍惜眼前緣分，不要到處拈花惹草，讓對方受到委屈，否則遲早會報應在自己身上。

第七首

箕帚是夫妻　抓盡垢濁泥
一朝入玉殿　便得貴人扶

籤曰：

感情運勢來看，會有人幫你居中牽線，讓你不用太過費心，緣分會自動降臨，只要耐心等待即可。選擇對象方面，要能夠跟你配合，非常有才華的，因為你喜歡有些自由，不希望對方依賴著你。已經有伴侶的人，你還念念不

靈籤聖卦，這本最好用

忘舊情人，這讓另一半很生氣，最好趕快割捨放下，否則跟另一半將產生嚴重心結。

第八首

斗秤不公平　　恐他不坐成

兩逢交易了　　到處亦相爭

籤曰：

感情運勢來看，現在是多事之秋，不適合談男女戀愛，就算有機會的話，也不容易長久發展，不要執著會比較好。選擇對象方面，很可能有阻礙困難，自己要考慮清楚才行，不要貿然的投入感情。已經有伴侶的人，彼此的信任不足，經常為小事情爭吵，你又不顧慮對方的感受，對方很可能提出分手、選擇離開。

第九首

牛飽欄中眠　　牧童在眼前

若人知得我　　快樂似神仙

籤曰：

感情運勢來看，人緣顯得相當的良好，會認識許多新

朋友，其中有條件不錯的異性，你可以嘗試主動搭訕。選擇對象方面，不要老是封閉自己，要多展現優秀的才華，才會吸引異性的青睞，會比較快墜入愛河。已經有伴侶的人，另一半總是關懷著你，你不要裝做不知道，要趁機討對方歡心，彼此感情會更加甜蜜。

第十首

女子覓良媒　通情便得成
相看談未了　好事自天來

籤曰：

感情運勢來看，緣分會從天而降，而且還是異國的情緣，你可要好好把握，不要讓機會白白溜走。選擇對象方面，可以透過別人的介紹，來增加認識異性的機會，若看中意的話，就要馬上行動，以免被人捷足先登。已經有伴侶的人，有什麼事情都要坦白，不要悶在心理面，因為這可是會讓對方起疑，影響到彼此的關係。

第十一首

虛心多鴻雁　汝必用虔誠
所來皆禰遂　頗始知汝情

籤曰：

感情運勢來看，雖然異性緣還不錯，但目前的條件不佳，沒有辦法發展戀情，只能暫時等待機會。選擇對象方面，盡量要挑選個性相近的，而且不妨從朋友做起，不要一下子進展太快，情況反而不太理想。已經有伴侶的人，有問題發生的話，應該跟對方討論溝通，不要直接就發脾氣，那會影響彼此的感情。

第十二首

危途實可憂　未免湒無愁
相思千里外　山水兩悠悠

籤曰：

感情運勢來看，很容易因為外在的因素，使得原本看好的戀情告吹，自己的心裡要能調適才好。選擇對象方面，會有三心二意的局面，不知道該如何選擇，建議你要仔細考慮，做出決定就不要後悔。已經有伴侶的人，對方雖然常讓你擔心，但其實你滿願意包容的，只要態度不要過分的話，彼此能相處的很好。

第十三首

室家事已成　四序盡和平

若要心頭快　青雲足下生

籤曰：

感情運勢來看，目前時機已經成熟，若有喜歡的對象，應該大膽前去告白，遲了情況可就改觀了。選擇對象方面，你很重視經濟上的條件，但有時若太過要求，緣分反而很難等到，需要花較久的時間。已經有伴侶的人，你做事經常留下爛攤子，讓對方收拾善後，對方雖然沒要求回報，你也應該找機會好好感謝。

第十四首

璧月掛雲間　游魚上急灘

欲捉魚與月　上下兩艱難

籤曰：

感情運勢來看，就算有機會發展，也心有餘而力不足，多半會婉拒對方好意，暫時有孤單的現象做事選擇對象方面，很容易看走眼，交往對象跟你都不搭配，讓你非常煩惱，建議你不要太過心急，聽聽別人意見會比較理

想。已經有伴侶的人，彼此的觀念不合，又加上外在因素的影響，感情不是很融洽，有分開的可能。

第十五首

奎星報與君　　汝且聽所聞
上看十一日　　下看十八分

籤曰：

感情運勢來看，會有人暗地欣賞你，你也隱隱約約感覺到，但時機跟條件未到，應該慢慢培養氣氛才好。選擇對象方面，判斷對方的一切舉動，不要有先入為主的想法，要從生活當中去實際了解，會比較客觀一點。已經有伴侶的人，彼此經歷過許多考驗，信任度大大提昇，好好珍惜眼前緣分，就會有好的結果。

第十六首

婁氏頭戴米　　身穿子路衣
人人皆道是　　我且堪猶疑

籤曰：

感情運勢來看，不要太過心急煩躁，該來的遲早會來

肆、土地公靈籤簡介

到，緣分不可以強求，強求反而容易壞事。選擇對象方面，要考慮自己的條件，千萬不要痴心妄想，想要高攀權勢富貴，那會使你受到嚴重傷害，已經有伴侶的人，要勇於拒絕誘惑，認真看待對方的感情，若自己心思浮動的話，感情很容易變質，而沒有好的結局。

第十七首

胃肚脈和調　安身睡一宵
任他兵馬動　我且自無聊

籤曰：

感情運勢來看，會找到理想的對象，對方的條件不錯，讓你非常的心動，應該好好把握眼前機會。選擇對象方面，會有他人前來牽線，讓你認識不少異性，其中不乏條件適合的人，你應該好好考慮才是。已經有伴侶的人，彼此的感情穩定，應該多出去散心，增加約會的次數，不要嫌麻煩，這樣感情將會更加親密。

第十八首

星星頭戴日　炎威亦不多
欲趁去附熱　終久被拖磨

籤曰：

感情運勢來看，會遇到許多的阻礙，必須要一一去克服，若老是中途放棄的話，感情就永遠沒有著落。選擇對象方面，你總是被沖昏頭，陷入愛情漩渦當中，無法跳脫而冷眼旁觀，因此受到的傷害也多，要有所覺悟才行。已經有伴侶的人，要珍惜這段緣分，就算面臨分手的局面，也要想辦法來挽回，不要都放任不管。

第十九首

畢竟西風起　　悠悠遠客鳴
秋來休嫌冷　　唯有月華明

籤曰：

感情運勢來看，會有人主動來接近你，但你應該冷靜看待，觀察對方的動機為何，然後再做打算也不遲。選擇對象方面，你總是有許多的原則，若對方不合規矩的話，就不太願意跟對方交往，因此常常失去戀愛的機會。已經有伴侶的人，彼此有心結的話，應該要互相商量找出原因，不要先互相指責，這樣無法解決問題。

第二十首

嘴舌見山玉　　凡人知吉凶

勸君念退步　　恐久埋坑中

籤曰：

感情運勢來看，自己要能夠獨自自主，不要受到別人的影響，不要有遊戲的心態，要認真看待才行。選擇對象方面，你喜歡個性強勢的，能獨當一面的對象，但自己需要寬宏大量，才能包容對方的脾氣。已經有伴侶的人，會因為爭吵而有冷戰的現象，感情會漸漸變淡，若你不願意放下身段道歉，恐怕走上分手一途。

第二十一首

參宿元來吉　　勸君不用疑

所求皆禰逡　　好事大家知

籤曰：

感情運勢來看，各方面的條件俱足，只需等待時機即可，不用太過擔心煩惱，良緣自然會來到身邊。選擇對象方面，要脾氣溫柔體貼的，比較不會當面頂撞你，你會比較願意接受，但你不要因此欺負對方。已經有伴侶的人，

有問題發生的話，應該找中間者來協調，情況會比較理想，彼此才能化解尷尬，重修舊好。

第二十二首

井泉清且甘　薰風便是南
呼童來取水　躍出步高岩

籤曰：

感情運勢來看，已經很久沒有心動，一直沒遇到適合對象，但也不用獨自怨嘆，感情的事不能強求，要能夠看的開才好。選擇對象方面，要仔細的分析自己，理想的條件是什麼，不要像瞎子摸象一樣，隨隨便便投入感情。已經有伴侶的人，你非常喜歡對方，會願意做任何的付出，對方也會相等回報你，將有機會互定終身。

第二十三首

鬼祟做災殃　關防守看羊
火中躍出馬　回蹄卻無傷

籤曰：

感情運勢來看，剛開始很不順利，但由於你的堅持，

感動了週遭的人，大家反而願意祝福你們。選擇對象方面，千萬不要自我設限，要用開放的心胸，多接觸不同類型的異性，才能有滿意的結局。已經有伴侶的人，有分分合合的現象，感情不是很穩定，遇到問題的時候，應該冷靜思考，不要衝動行事。

第二十四首

柳絮笑春風　　向西又向東

行人開口笑　　可作老來翁

籤曰：

感情運勢來看，會有走桃花運的可能，但還是要有所節制，感情不要過度沉迷，要理智看待才好。選擇對象方面，不要隨便接受別人的感情，然後等到個性不合才後悔，應該要事先考慮清楚。已經有伴侶的人，將有第三者介入，感情將產生風波，但自己要檢討反省，不要只怪對方的錯，事情才能圓滿落幕。

第二十五首

星辰光燦爛　　河溪一路通

牛女纔相見　　淚後各西東

籤曰：

感情運勢來看，有發展戀情的機會，但行動上要趕快，延遲太久的話，中途會產生變數，而錯失眼前機會。選擇對象方面，要考慮彼此的時間距離，若見面機會不多的話，恐怕難以維持感情。已經有伴侶的人，對方的心思有異，讓你察覺出來，應該要追問原因，馬上處理，不要等問題擴大，才後悔不已。

第二十六首

張舍出賢人　　流傳代代新
到頭歸澗谷　　此事實爲眞

籤曰：

感情運勢來看，因爲環境的關係，有機會接觸異性，應該打好人際關係，將可從中尋找到感情歸屬。選擇對象方面，應該注意身旁的朋友，說不定裡面就有適合的對象，不需要特意去尋找，緣分已在身邊等待。已經有伴侶的人，要珍惜得來不易的緣分，對方會非常的愛護你，你可不要辜負對方，傷了對方的心。

第二十七首

翼飛萬里程　引去在雲霄

一旦風雲起　身歸雪裡飄

籤曰：

感情運勢來看，會有機會從天而降，讓你作夢也沒有想到，應該要好好把握，努力爭取表現才行。選擇對象方面，要多去接觸、多去了解，不要只憑主觀的好惡，那會讓你判斷錯誤，結交到不好的對象。已經有伴侶的人，有相隔兩地的情況，感情在聯繫上面臨考驗，但只要攜手共度難關，事情自然就會有轉機。

第二十八首

輊當念八位　思想不甘心

有話無相答　宛然只相吟

籤曰：

感情運勢來看，原本的感情生變，讓你非常的傷心，但馬上又有機會來到，雖然內心十分驚喜，但也應該謹慎評估。選擇對象方面，要觀念想法相近的，年齡不要相差太多，這樣比較好溝通商量，感情發展才會長久。已經有

伴侶的人，不要忽視對方的感受，而不加以理睬，那會引起對方的不滿，自己將徒增煩惱。

土地公靈籤（工作考運）

第一首

　　角聲三弄響　　無雪自心寒

　　勸君休愁慮　　合營人馬安

籤曰：

　　在考試方面，自己要認真努力，多吸收相關知識，成績自然就會好，如果只是貪玩享樂，哪誰也沒辦法幫你。已經有工作的人，應該爭取機會表現，不要總是躲起來，讓別人承擔重任，卻眼睜睜失去升遷加薪的機會；還沒有工作的人，自己要廣結人緣，透過親朋好友的介紹，找工作會比較容易。

第二首

　　亢宿屬金龍　　常行子丑官

　　暗藏身在未　　急急避他鄉

籤曰：

　　在考試方面，雖然讀書過程辛苦，但成績卻不一定理想，恐怕需要經過一番波折，才能有好結果出現。已經有

工作的人，須要提防突發事件，要做臨機的應變，特別是在上半年，這樣才能保住工作飯碗，還沒有工作的人，時間越拖越晚是越不利，所以不要不好意思開口，要快向親朋好友求助。

第三首

低頭偷舉眼　暗想好佳人
與君相談話　只恐未成親

籤曰：

在考試方面，因為家裡的全力支持，能獲得良好的栽培，只要自己能爭口氣，金榜題名將不是問題。已經有工作的人，要安分守己的行事，就能夠獲得他人賞識，若遇到困難的話，儘管開口要求，會獲得貴人幫助；還沒有工作的人，能順利到功工作，不用太過擔心憂慮，但要儘早行動，以免錯失機會。

第四首

房中生瑞草　原婦喜臨盆
合眷皆來慶　麒麟是子孫

籤曰：

在考試方面，要選擇環境來唸書，才不會影響讀書效率，最好是安靜的地方，進步情況會比較理想。已經有工作的人，就算不受到肯定，也不要因此放棄，還是要提起精神振作，總有一天會等到機會，而有揚眉吐氣的時候；還沒有工作的人，要趕快的積極行動，像西邊的方向尋找，就有機會找到工作。

第五首

心事未分明　又恐被鬼驚

禍患難解救　暗路失明燈

籤曰：

在考試方面，隨著時間的增加，但你卻不知道悔改，因此時機將錯失，若再不覺醒的話，考試沒有希望通過。已經有工作的人，會有很多企劃要執行，必須要親自處理，不要假借他人之手，以免功勞被人搶走，最後只能怨嘆而已；還沒有工作的人，要注意求職的危險，不要單獨前往，要有人陪同才行。

第六首

頭與尾相似　　不寒亦不溫

行人滇且止　　宿客遍尋村

籤曰：

在考試方面，要穩定讀書的心思情緒，適當的遊玩來紓解壓力，但不要太過於沉迷，以免影響到考試成績。已經有工作的人，凡事不可著急，想要一步登天，那會使你嚐到苦頭，正所謂欲速則不達，要懂得反省檢討；還沒有工作的人，能有機會就把握，不要嫌棄待遇好壞，暫時要懂得屈就。

第七首

箕帚是夫妻　　抓盡垢濁泥

一朝入玉殿　　便得貴人扶

籤曰：

在考試方面，天生聰明有才智，唸書過目不忘，所以成績非常優秀，只要能按照著計劃來做，就不怕任何的考試，已經有工作的人，會有額外的助力，讓你做事情相當順利，但不可因此得意忘形，失去憂患意識，還沒有工作

的人，有朋友帶來消息，會詢問你的意見，你可以仔細考慮，不要馬上拒絕。

第八首

斗秤不公平　　恐他不坐成

兩逢交易了　　到處亦相爭

籤曰：

在考試方面，不要光說不練，一再欺騙自己，若眞的面對考驗，恐怕過不了關，會讓許多人很難過。已經有工作的人，會蒙受主管的責罵，而有爭執的現象，自己要忍下來，免得事情繼續擴大，影響到工作效率；還沒有工作的人，最近運氣不是很理想，就盡量待在家裡，避免發生意外災害。

第九首

牛飽欄中眠　　牧童在眼前

若人知得我　　快樂似神仙

籤曰：

在考試方面，手忙腳亂不知道怎麼辦，幸好遇到他人

幫助，指出其中的問題所在，才讓你有好的開始。已經有工作的人，要懂得時時進取，不要只是原地踏步，這樣才能面對激烈的競爭，而從中找到生存空間；還沒有工作的人，只要寄出履歷，應該就很快有消息，面試要準備妥當，錄取比較有機會。

第十首

女子覓良媒　　通情便得成
相看談未了　　好事自天來

籤曰：

在考試方面，好好運用你的資質，全心全意投入唸書，不要花心思在其他地方，考試才會有希望上榜。已經有工作的人，會有人賞識你的能力，希望你能夠選擇跳槽，這是個大好機會，能讓你一展長才，要好好把握才行；還沒有工作的人，凡事不要急躁，順其自然即可，過段時間就會有好消息。

第十一首

虛心多鴻雁　　汝必用虔誠
所來皆禪遶　　頗始知汝情

籤曰：

在考試方面，容易被外界的環境誘惑，而不知道要求上進，考試若只是臨時抱佛腳，成績自然相當難看。已經有工作的人，會產生許多問題，讓你疲於奔命地處理，沒有其他心思進取，暫時要低調行事才好；還沒有工作的人，終於找到工作，一掃先前的霉運，要先投入眼前的工作，生活來源就不成問題。

第十二首

危途實可憂　　未免得無愁

相思千里外　　山水兩悠悠

籤曰：

在考試方面，也許是天資的關係，讓你對唸書沒有興趣，不過也是要盡力而為，才不會讓人家看笑話。已經有工作的人，最近諸事不順、瑣事纏身，很多人都來要求幫忙，應該找時間忙裡偷閒，讓思緒能夠清靜；還沒有工作的人，雖然很努力尋找，但機會就是不上門，不要氣餒，要再接再厲才行。

第十三首

室家事已成　四序盡和平

若要心頭快　青雲足下生

籤曰：

在考試方面，擁有不錯的環境，學習什麼都很快，應該要好好珍惜，不要浪費眼前資源，成績自然能高人一等。已經有工作的人，安穩中求進步，不要在意別人的批評，這樣才不會有所閃失，影響到前途的發展；還沒有工作的人，會有人主動找上門，希望你擔任職務，是個不錯的機會，應該好好把握。

第十四首

璧月掛雲間　游魚上急灘

欲捉魚與月　上下兩艱難

籤曰：

在考試方面，原本的成績相當不錯，應該很有希望上榜，但若因此驕傲自滿，很容易在重要關頭失敗。已經有工作的人，埋頭苦幹就好，不要管他人是非，若被捲入糾紛當中，會吃不完兜著走，甚至損壞你的形象；還沒有工

作的人，對於工作非常的挑剔，老是找不到工作，要先改
正觀念，否則將一事無成。

第十五首

奎星報與君　汝且聽所聞

上看十一日　下看十八分

籤曰：

在考試方面，要有讀書計劃，循序漸進來唸書，不要
眼高手低，忽略腳踏實地的重要，那會讓你吃虧。已經有
工作的人，做事要事先規劃，跟人商談要事先準備，才不
會顯得毫無頭緒；還沒有工作的人，找到工作以後，雖然
辛苦操勞，但要學著忍耐、堅持下去，不要又想換工作，
這樣只會浪費時間而已。

第十六首

婁氏頭戴米　身穿子路衣

人人皆道是　我且堪猶疑

籤曰：

在考試方面，不要跟別人比較，而顯得悶悶不樂，重

要的是面對自己，勇於突破自己的侷限，成績就不要太在意。已經有工作的人，有機會降臨在眼前，要懂得主動爭取，不要猶豫不決、三心二意，只會讓人瞧不起而已。還沒有工作的人，要找熟悉的行業應徵，不要隨便去嘗試陌生的行業，成功率會比較高。

第十七首

胃肚脈和調　安身睡一宵
任他兵馬動　我且自無聊

籤曰：

在考試方面，安心的靜下來唸書，隨著時間的累積，自然就能看到成果，不必要太過杞人憂天。已經有工作的人，將有調職的機會，會有人來詢問你的意見，你應該請教他人的建議，再做出決定也不遲；還沒有工作的人，會遇到貴人賞識，而有工作的機會，雖然壓力會比較大，但待遇內容還算不錯。

第十八首

星星頭戴日　炎威亦不多
欲趨去附熱　終久被拖磨

籤曰：

在考試方面，任何事情都得花時間去付出，不可能有不勞而獲的事，所以唸書要老老實實，才會反映在成績上頭。已經有工作的人，遇到困難讓你頭痛，卻又不好意思說明，這樣下去也不是辦法，要找人幫忙才行。還沒有工作的人，已經透過管道尋找，但卻沒有任何下落，應該要繼續等待，不要太過心急。

第十九首

畢竟西風起　　悠悠遠客鳴

秋來休嫌冷　　唯有月華明

籤曰：

在考試方面，經過長期的努力，最近到了開花結果的時候，只要一切準備妥當，考試成績自然就會非常理想。已經有工作的人，遇到事情不要因為緊張，而老是加以推辭，一切別人會看在眼裡，侷限將很難有機會擔任重要職務；還沒有工作的人，不要以後自己，可以到外地去嘗試發展，說不定有好的機會。

第二十首

嘴舌見山玉　凡人知吉凶

勸君念退步　恐久埋坑中

籤曰：

在考試方面，不要只怪運氣不佳，要先檢討反省自己，若沒有累積相當的實力，就應該重頭再來過侷限已經有工作的人，難免人際關係的摩擦，要懂得適當忍讓才好，才不會引發口角衝突，讓問題給小事化大；還沒有工作的人，消息都石沉大海，讓你十分的擔憂，恐怕還要持續一陣子，才會有轉機出現。

第二十一首

參宿元來吉　勸君不用疑

所求皆禰遂　好事大家知

籤曰：

在考試方面，只要努力不懈怠，自然會累積實力，面對考試的時候，就不會手足無措，而能夠信心滿滿侷限已經有工作的人，經過不眠不休的奮鬥，終於有了成果出現，讓週遭的人十分肯定，人緣會變得相當旺盛；還沒有

工作的人，別人知道你的窘境，會熱心幫忙的尋找，近日
內就會有好消息傳出。

第二十二首

井泉清且甘　薰風便是南
呼童來取水　躍出步高岩

籤曰：

在考試方面，雖然天生聰穎，唸書條件不錯，但也要
懂得認眞，培養專注的態度，考試才能十拿九穩。已經有
工作的人，有計劃想要實行的話，目前是最佳的時刻，不
會有什麼阻礙，反而能獲得幫助，成果顯得相當不錯；還
沒有工作的人，會遇到以前的朋友，對方會代爲引薦，將
可以有份工作做。

第二十三首

鬼祟做災殃　關防守看羊
火中躍出馬　回蹄卻無傷

籤曰：

在考試方面，過程會比較辛苦，沒有額外的援助，只

能靠自己奮鬥，但皇天不負苦心人，將會有所成就。已經有工作的人，會有嚴重的口舌，凡事要小心謹慎，不要太過張揚招搖，以免招惹災禍上身；還沒有工作的人，眼看機會在眼前，卻又溜走而失去，會顯得相當自責，必須要放寬心才好。

第二十四首

柳絮笑春風　　向西又向東

行人開口笑　　可作老來翁

籤曰：

在考試方面，經過磨鍊之後，實力大有進展，但不可因此自滿，或者焦急的想表現，這樣可能會得到反效果。已經有工作的人，做事情要有條有理，就不太容易出差錯，得意時要收斂態度，千萬不可以仗勢凌人；還沒有工作的人，可以求助以前的朋友，說不定會有機會，讓你能夠找到理想的職務。

第二十五首

星辰光燦爛　　河溪一路通

牛女纔相見　　淚後各西東

籤曰：

在考試方面，時機跟環境都對你有利，應該要趁勝追求，再下工夫來苦讀，成績將會比預期理想。已經有工作的人，不要爲了小事與人結怨，這樣會影響到情緒，讓你沒辦法提起精神工作，很容易被主管責罵；還沒有工作的人，會有人前來拜訪，希望借重你的才幹，對方既然誠心誠意，應該好好的把握機會。

第二十六首

張舍出賢人　　流傳代代新

到頭歸澗谷　　此事實爲眞

籤曰：

在考試方面，家庭的環境不錯，能有完善的栽培，資質會高人一等，但也要認眞學習，才不會因此退步。已經有工作的人，會有貴人賞識提拔，將有升遷加薪的機會，要懂得順應時勢，才不會讓機會溜走；還沒有工作的人，要多方面去尋找，不要只透過單一管道，這樣子成功的機會才會增加。

第二十七首

翼飛萬里程　引去在雲霄

一旦風雲起　身歸雪裡飄

籤曰：

在考試方面，要加緊努力準備，不要隨便鬆懈怠惰，否則因為一時貪玩，而影響到考試的成績。已經有工作的人，要注意手邊的工作，處理時要謹慎小心，才不會因此出差錯，而引來他人的批評；還沒有工作的人，會有朋友前來幫助，介紹你不錯的工作，你可要馬上答應，不要辜負別人的好意。

第二十八首

輊當念八位　思想不甘心

有話無相答　宛然只相吟

籤曰：

在考試方面，非常的艱辛困苦，中途會發生變故，讓你遭受到打擊，要把心情穩定下來，才能應付考試難關。已經有工作的人，會遇到困難阻礙，要自己想辦法解決，不要老是依賴他人，這樣是不會有進步的；還沒有工作的

人，已經送出去的履歷，近期內就會有回應，要耐心的等候，錄取將不是問題。

土地公靈籤（財運）

第一首

角聲三弄響　無雪自心寒
勸君休愁慮　合營人馬安

籤曰：

最近的財運而言，顯得非常的好，無論是時機或條件，都剛好成熟，有財富送上門，經商做生意的話，都會財源滾滾，業績各方面都能長紅，而且能夠打出知名度，在競爭中佔有一席之地。想要求財的話，可以透過人際的擴展，來獲得賺錢的機會，這樣省時又省力，可以輕鬆達到目的。

第二首

亢宿屬金龍　常行子丑官
暗藏身在未　急急避他鄉

籤曰：

最近的財運而言，不是說非常理想，凡事應該量力而為，不要特意出鋒頭，以免招來麻煩，經商做生意的話，

上半年可以主動出擊，廣結人脈和善緣，但後半年情勢轉變，就需要靜觀其變。想要求財的話，要注意時機的掌握，不可以聽信他人讒言，而急躁衝動的行事，那會帶來財物損失。

第三首

低頭偷舉眼　暗想好佳人
與君相談話　只恐未成親

籤曰：

最近的財運而言，凡事見好就收，不要忙著追加，順其自然的發展，一切將會如願以償，經商做生意的話，環境時機的轉變，對你將十分的有利，要趕緊把握機會，就可以大發利市，想要求財的話，下半年對你是重要關鍵，所以必須要先儲蓄金錢，等待好時機再來投資，會順利回收獲利。

第四首

房中生瑞草　原婦喜臨盆
合眷皆來慶　麒麟是子孫

籤曰：

最近的財運而言，必須要有理財計劃，按部就班的執行，不可以三心二意，容易招致失敗的下場。經商做生意的話，基礎非常的重要，不可以輕易改變方向，以免到最後徒勞無功，穩紮穩打就可以獲利，想要求財的話，要先解決家庭的問題，接著替每個成員做投資或保險，將有助於財富的累積。

第五首

心事未分明　　又恐被鬼驚

禍患難解救　　暗路失明燈

籤曰：

最近的財運而言，不要做旁門左道的打算，夜路走多就會遇到鬼，凡事要謹言慎行才好，經商做生意的話，不要太過懶散怠惰，什麼事情都想不勞而獲，這樣只會讓機會白白溜走，賺不到什麼利潤。想要求財的話，目前沒有希望可言，最好是安分守己放寬心，越想是越煩惱而已，沒有什麼正面幫助。

第六首

頭與尾相似　不寒亦不溫

行人滇且止　宿客遍尋村

籤曰：

最近的財運而言，雖然有不錯的機會，但也不應該強求，端看他人的態度決定，自己要表現謙和才行。經商做生意的話，盡量去爭取跟表現，多想些新的點子主意，會有助於吸引客戶，有比較多賺錢的機會。想要求財的話，可以跟人家一起合夥投資，成功的機率較大，但要先準備一筆資金。

第七首

箕帚是夫妻　抓盡垢濁泥

一朝入玉殿　便得貴人扶

籤曰：

最近的財運而言，是有機會接觸資訊，讓你沾一點財運，但不可以太過貪心，反而被人家嫌棄。經商做生意的話，要盡量擴展門路，尋找穩定的貨源，來降低自己的成本，利潤空間會比較大，想要求財的話，節儉是不二法

門，千萬不要透支舉債，才不會越滾越大，而最後無法負擔。

第八首

斗秤不公平　　恐他不坐成

兩逢交易了　　到處亦相爭

籤曰：

最近的財運而言，許多不如意的事情，在同一時間發生，讓你措手不及，非常的鬱悶難過。經商做生意的話，對其他人不要存有疑心，以免發生口角是非，影響到本身的信譽，連帶的財運也受影響，想要求財的話，勞心勞力難免，但不一定賺到錢，會有怨天尤人的傾向，覺得財運受到阻礙。

第九首

牛飽欄中眠　　牧童在眼前

若人知得我　　快樂似神仙

籤曰：

最近的財運而言，會突然有靈感出現，讓你趕快去籌

備，若能夠好好發揮，將有進財的機會。經商做生意的話，要注意資金的問題，最好是能夠充足，不要輕易挪用，以備不時之需。想要求財的話，最好請人幫忙規劃，或是透過專業管道，比較能夠有良好方案，財富才能夠順利累積。

第十首

女子覓良媒　　通情便得成
相看談未了　　好事自天來

籤曰：

最近的財運而言，時機不是很恰當，有許多不足的地方，最好要虔誠祈禱，善待他人才能轉運。經商做生意的話，要懂得觀察潮流趨勢，商品要多元化經營，才不容易被淘汰掉，穩定中求取進步，想要求財的話，會有意外之財降臨，不過不能奢侈浪費，否則很快又會貧困，落入惡性循懷當中。

第十一首

虛心多鴻雁　　汝必用虔誠
所來皆禰邃　　頗始知汝情

243

籤曰：

最近的財運而言，過程會比較辛勞，需要多處的奔波，才能有所收穫，宜耐心靜待良機到來，經商做生意的話，顯得非常困頓無助，業績非常的不好，接近倒閉的邊緣，必須要力圖振作才好，想要求財的話，要用點靈活腦筋才行，死板而不知變通的話，會陷入死胡同，賺不到什麼錢。

第十二首

危途實可憂　未免得無愁
相思千里外　山水兩悠悠

籤曰：

最近的財運而言，心裡雖然很著急，想要快點賺到錢，但總是事與願違，環境時機不太適合，經商做生意的話，想得太多沒什麼好處，最要緊是踏實行事，遇到問題的時候，再見招拆招就好。想要求財的話，如有合夥的打算，最好不要貿然進行，彼此觀念想法不合，結果恐不如預期理想。

第十三首

室家事已成　四序盡和平

若要心頭快　青雲足下生

籤曰：

最近的財運而言，不屬於自己的財物，就不要強取豪
奪，否則將自做自受，得到不好的下場。經商做生意的
話，千萬要老老實實，和和氣氣的待人，這樣才會有人
緣，自然而然就有財富進帳，想要求財的話，可以嘗試著
投資理財，但不要超過本身能力，剛開始收入雖然微薄，
但也是象徵好的開始。

第十四首

璧月掛雲間　游魚上急灘

欲捉魚與月　上下兩艱難

籤曰：

最近的財運而言，會遇到險象環生的事情，必須要注
意金錢的糾紛，否則後果將不堪設想，經商做生意的話，
費盡心機想要賺錢，不過卻沒有如願，反而因此背負債
務，暫時要過一段苦日子，想要求財的話，可以看準時機

切入，跟他人分享一杯羹，但要懂得知恩圖報，才有下次
成功的可能。

第十五首

奎星郼與君　　汝且聽所聞
上看十一日　　下看十八分

籤曰：

最近的財運而言，時機環境不太配合，人際關係也糟
糕，最好是暫時忍耐，不要隨便、莽撞，經商做生意的
話，進帳不是很多，讓你非常的憂心，希望採取相關的策
略，卻沒有一直沒有好方法，也只能等待而已，想要求財
的話，需要虔誠祈禱上蒼，多去充實進修自己，運來自然
就會有轉機。

第十六首

婁氏頭戴米　　身穿子路衣
人人皆道是　　我且堪猶疑

籤曰：

最近的財運而言，收入雖然較少，但若能節儉度日，

生活暫時不成問題，其他等時機好轉再說，經商做生意的話，不要做沒把握的變動，特別是轉換經營方向，甚至轉做相關行業，很可能會有風險產生，想要求財的話，希望不是很大，一切守成會比較好，安穩來行事就可以進財。

第十七首

胃肚脈和調　安身睡一宵

任他兵馬動　我且自無聊

籤曰：

最近的財運而言，必須要重視開源節流，不要購買不必要的物品，才不會造成沉重負擔，經商做生意的話，有心想事成的好運，只要憑著直覺來發展，配合良好的人脈基礎，事業規模會漸漸擴大，財源廣進不是問題。想要求財的話，可以暫時跟人家商借，作為投資的用途，事後獲利再還給人家。

第十八首

星星頭戴日　炎威亦不多

欲趨去附熱　終久被拖磨

籤曰：

　　最近的財運而言，雖然有許多進帳，但是有奢侈浪費的現象，應該要自我檢討，珍惜辛苦賺來的錢，經商做生意的話，剛創業會比較艱難，但只要習慣了就好，一切都會慢慢上軌道，努力奮鬥就能夠有所收穫，想要求財的話，可以嘗試借錢來投資，但金額不宜過多，控制在自己能負擔的範圍內。

第十九首

　　畢竟西風起　　悠悠遠客鳴
　　秋來休嫌冷　　唯有月華明

籤曰：

　　最近的財運而言，前景看起來還不錯，很多條件醞釀當中，只要耐心等待，自然就會水到渠成，經商做生意的話，必須非常的賣力，中途不可以鬆懈，否則將會錯失良機，而沒辦法賺到錢，想要求財的話，上半年比較沒助力，要靠自己想辦法，下半年就有機會出現，有貴人前來幫助。

第二十首

嘴舌見山玉　凡人知吉凶

勸君念退步　恐久埋坑中

籤曰：

最近的財運而言，自己的條件較差，不要只做白日夢，妄想錢財會從天而降，應該要懂得進取才行，經商做生意的話，面臨眼前的難關，只管撐過去就好，不要中途放棄，而改變心意，這樣反而會導致失敗，想要求財的話，認真努力最實在，盡量做好本分，不要計較金錢，要能夠看開才好。

第二十一首

參宿元來吉　勸君不用疑

所求皆禰邃　好事大家知

籤曰：

最近的財運而言，會有好事情發生，通常是意外的偏財，或是有人介紹財路，讓你能輕鬆大賺一筆，經商做生意的話，不要動歪腦筋，誠實才能長久，用人要不疑、帳目要清楚，財運就能穩定發展，想要求財的話，若發現良

249

好的管道，可以給親朋好友知道，聽聽他們的意見後，再決定也不遲。

第二十二首

井泉清且甘　薰風便是南
呼童來取水　躍出步高岩

籤曰：

最近的財運而言，算是相當的旺盛，會有強烈的直覺，做什麼事情都如有神助，很快就能結束完成，經商做生意的話，要調整自己的策略，腳步要放慢點，不要被外界給影響，才能收事半功倍之效，想要求財的話，會受到別人的幫助，得以度過困窘的情況，事後要記得答謝對方，彼此關係才會長久。

第二十三首

鬼崇做災殃　關防守看羊
火中躍出馬　回蹄卻無傷

籤曰：

最近的財運而言，也許遇到經濟上的難關，但都能夠

跟朋友借到，週轉時要注意信用，千萬不要借錢不還，經商做生意的話，要懂得計算成本，不要只做表面功夫，要讓客戶值得信賴，財源自然能細水長流，想要求財的話，不要做冒險的投資，特別是向地下錢莊借貸，那會讓你身敗名裂、得不償失。

第二十四首

柳絮笑春風　　向西又向東

行人開口笑　　可作老來翁

籤曰：

最近的財運而言，見到不義之財，最好不要心動，滿足一時的慾望，卻導致嚴重的下場，到頭來還必須付出更多，經商做生意的話，要特別留意小問題，若不以為意的話，可是會蔓延擴大，想要求財的話，所謂知足常樂，如果達成目標，就要懂得收手，過度沉迷其中反而不利。

第二十五首

星辰光燦爛　　河溪一路通

牛女纔相見　　淚後各西東

籤曰：

　　最近的財運而言，財源雖然不短缺，但要懂得妥善運用，不要做冒險的投資，或是沉迷於賭博當中，經商做生意的話，恐怕會有小人出現，暗中破壞經營業務，自己要提高警覺，應付突發的情況才好，想要求財的話，機會來的時候，就要當機立斷，不要猶豫不決、三心二意，最後肯定吃虧的是自己。

第二十六首

　　張舍出賢人　　流傳代代新
　　到頭歸澗谷　　此事實為真

籤曰：

　　最近的財運而言，要懂得去分析資訊，尋找有利的管道，來錢做最好的發揮，自然就能回收利潤，經商做生意的話，可以跟他人共同合資，來擴大經營的規模，事情將進行的很順利，能夠賺進不少財富，想要求財的話，不要整天關在家裡，要多出外面去走走，說不定就有新的靈感，對你有正面幫助。

第二十七首

翼飛萬里程　引去在雲霄

一旦風雲起　身歸雲裡飄

籤曰：

　　最近的財運而言，各方面都傳來好消息，人際特別的順暢，想做什麼事情，都會有人幫忙，財運十分良好，經商做生意的話，吸引到許多客戶，業績非常的好，做什麼都有利可圖，態度上要積極就好。想要求財的話，上半年會比較理想，要盡量掌握機會，下半年就需要保守，低調行事才不會損失。

第二十八首

軫當念八位　思想不甘心

有話無相答　宛然只相吟

籤曰：

　　最近的財運而言，要到處去打聽消息，或是詢問他人的意見，不要像無頭蒼蠅般，只會徒勞無功而已，經商做生意的話，上半年不是很順暢，會遇到較多阻礙，但只要謹慎處理，下半年就會開始轉好，將有利潤可圖，想要求

財的話，最好不要強求，把金錢看得很重，以免惹禍上身，靜待時機即可。

肆、土地公靈籤簡介

伍、月下老人靈籤

月下老人，又稱月老公，簡稱月老，是婚姻之神，相傳是人間「媒神」。最早出現於《唐・李復言・續幽怪錄・定婚店》。台灣諺語云：「姻緣天註定，不是媒人腳賢行。」即指男女結合皆天註定，非媒人可勉強撮合。而所謂天註定，就是指「月下老人」的姻緣一線牽。

月下老人是中國民間傳說中，專司男女感情的人物，白鬚鬒鬒，面泛紅光；左手拿姻緣簿，右手持柺杖。他有權撮合男女成為夫妻，正如希臘神話裏的愛神丘比特和維納斯一樣，不同的是他不是以弓箭射串情侶之心，而是以紅線繫住男女二人之足。

伍、月下老人靈籤

月下老人就是一般月老公，簡稱「月老」，民間也叫做「媒神」，是掌管感情以及婚姻的神明，所以許多青年男女很崇拜。至於月老的長相，傳說是白鬍髯髯，面泛紅光，左手拿姻緣簿，右手持枴杖，而最重要的是，月老有本天下姻緣簿，記載所有的男女姓名，如果月老認為兩人適合，就會從隨身布袋當中，拿出特別的紅線，把紅線繫在男女的腳上，那麼兩人就產生緣分，彼此就能成為夫妻，而結為歡喜冤家。單身的「孤男寡女」若誠心祈求，月老將會帶來好對象與好姻緣。

據說唐朝的時候，有個人叫做韋固，有天路過市集，就看見一位老人，在月光下翻閱書籍，他好奇前往詢問說：「老先生正在看什麼呢？」。老先生就回答，我手中姻緣簿，掌管天下男女的姻緣，全部都寫在這裡。才剛剛說完而已，迎面就來了一位老婦人，手裡抱著三歲女嬰，老人就跟韋固說，那位女嬰就是你將來的妻子。這時候韋

固卻大怒，命令僕人把那個女嬰殺了。僕人就暗中前往，並且準備一把匕首，看見女嬰之後，就衝上前去刺殺，在刺中目標之後，隨即就消失無蹤。

一轉眼間過了十四年，韋固高中狀元，相州刺史看得起，所以就用義女嫁給他。相州刺史的義女，長得是雍容華貴，氣質出眾，宛如仙女下凡塵，看見韋固之後，也非常欣賞他，於是願意下嫁。在洞房花燭夜的時候，韋固才發現妻子眉間有塊金帛裝飾，一直不肯拿下來。他詢問原因之後，妻子一五一十到來，才知道原來就是當初的女嬰。這讓韋固大爲吃驚，並且深刻領悟到，緣份不能夠強求，一切是天作之合，從此月下老人的名聲，就這樣開啓了媒神的典故。

靈籤說明與案例導讀

關於靈籤的由來，若有前往寺廟拜拜，就會知道那是什麼，其實也就是占卜問卦，只不過對象不相同，內容項目也不同，一般人都會好奇想抽籤，不然就是在遭遇到困難，或是有難以決定的事情，所以想請求神明指點，在從前的社會中，對於信仰相當虔誠，所以抽籤是重大的事，

絕對不可以馬虎，必須要準備牲禮、鮮花五果，並且焚香禱告，然後再利用擲筊的結果，來確定能否抽籤，以及確定抽到的籤，就是神明所要傳達的旨意。而現在人雖然文明，很多事能自行處理，很少有機會到廟裡抽籤，或者根本沒時間前往，但人難免會有疑惑，陷入無助的情況，這時就可以利用靈籤，來幫助我們解答疑惑，或許就會有幫助。

靈籤的使用除了傳統的方式，也就是擲筊抽籤之外，也有很多種方式，只要是心誠就會靈驗，而不用太在意形式。以下提供的方式，適用於各種靈籤，內容只是作為參考，而不是說一種靈籤只能有一種方式，或特定方式才能使用。

案例一：月下老人靈籤

首先準備一些紙張，然後剪成大小一致的紙片，一共十三張，將紙片捲成紙籤來抽籤。

一、先知道靈籤的數目，像是二十四籤、二十八籤、或三十二籤。若假設是二十八籤。

二、接著利用三張紙籤求十位數，一張寫著0、一張寫著1、一張寫著2，然後任意抽出一支後，假設抽中0，那麼十位數就是0。

三、接著利用十張紙籤求個位數，上面寫著 0 十個數字，然後任意抽出一支後，假設抽中 7，那麼個位數就是7。（但若十位數跟個位數都是 0 時，就必須要重新抽籤）

四、尋找月下老人靈籤第七籤，並依照所求事項，來觀看靈籤解答。

五、假設是詢問【感情婚姻】，則靈籤解答如下：

第七籤　上

意中人前人中意

無情花鳥也情痴

籤曰：

在愛情運勢方面，看見別人卿卿我我，心裡面也有所感觸，也好想被春風給圍繞，該是付諸行動的時候，若還是單身的人，時機已經快成熟，不要再懷疑等待，要像心愛的人告白，對方將會點頭答應，跟你一同陷入愛河，已經有對象的話，若要增加彼此的親密，可以選擇送對方禮

物，最好能讓對方感動而難以忘懷。

案例二：月下老人靈籤

首先準備一些紙張，然後剪成大小一致的紙片，一共十三張，將紙片捲成紙籤來抽籤。

一、先知道靈籤的數目，像是二十八籤、或三十二籤。若假設是二十八籤。

二、接著利用三張紙籤求十位數，一張寫著0、一張寫著1、一張寫著2，然後任意抽出一支後，假設抽中1，那麼十位數就是1。

三、接著利用十張紙籤求個位數，上面寫著0十個數字，然後任意抽出一支後，假設抽中5，那麼個位數就是5。（但若十位數跟個位數都是0時，就必須要重新抽籤）

四、尋找月下老人靈籤第十五籤，並依照所求事項，來觀看靈籤解答。

五、假設是詢問【感情婚姻】，則靈籤解答如下：

第十五籤　下

驚起怯回頭　有恨無人省
寒枝不肯棲　寂寞沙洲冷

籤曰：

在愛情運勢方面，孤單寂寞的氣氛，暫時都揮之不去，只能等待機會的降臨，若還是單身的人，會有人默默的付出，但你卻視而不見、不理不睬，讓對方很傷心難過，最後會選擇離開，你將失去大好機會，緣分不會再重來，已經有對象的話，若不肯好好珍惜對方，對方將被迫做出決定，會投向他人的懷抱當中。

案例三：月下老人靈籤

首先準備一些紙張，然後剪成大小一致的紙片，一共十三張，將紙片捲成紙籤來抽籤。

一、先知道靈籤的數目，像是二十八籤、或三十二籤。若假設是二十八籤。

二、接著利用三張紙籤求十位數，一張寫著0、一張寫著1、一張寫著2，然後任意抽出一支後，假設抽中2，那麼

十位數就是2。

三、接著利用十張紙籤求個位數，上面寫著0十個數字，然後任意抽出一支後，假設抽中1，那麼個位數就是1。（但若十位數跟個位數都是0時，就必須要重新抽籤）

四、尋找月下老人靈籤第二十一籤，並依照所求事項，來觀看靈籤解答。

五、假設是詢問【感情婚姻】，則靈籤解答如下：

第二十一籤　下

悲莫兮生別離

樂莫樂新相知

籤曰：

在愛情運勢方面，要懂得知足常樂，凡事不要太過挑剔，在感情上也是如此，才能夠談的開開心心，若還是單身的人，會有異性窮追猛打，希望獲得你的青睞，但對方花言巧語的背後，只是想獲得物質的滿足而已，已經有對象的話，將會意外事件發生，彼此有可能因此分開，而承受生離死別的痛苦，要能夠放的下才好。

月下老人靈籤（感情婚姻）

第一籤　上

風弄竹聲　只道金珮響

月移花影　疑是玉人來

籤曰：

在愛情運勢方面，各方面的條件成熟，緣分會自動送上門，自己要懂得把握良機，就能夠找到知心伴侶，若還是單身的人，會出現理想的對象，要用心留意才好，說不定對方已經在等著，要採取行動追求才是，已經有對象的話，對方對感情很死心塌地，希望能將終身託付給你，你應該相同的對待，不能夠辜負對方。

第二籤　中

落霞與孤鶩齊飛

秋水共長天一色

籤曰：

在愛情運勢方面，原本可能有的好機會，卻因為猶豫不決而錯失，必須要靜待另一段感情到來，若還是單身的

人，會投入其他的事業，沒有心思在感情方面，就算有喜歡的對象，也只能萍水相逢而已，已經有對象的話，彼此熱戀的火花，已經逐漸降溫當中，取而代之的是穩定的柔情，需要靠多溝通商量來解決問題。

第三籤　下

或十年或七八年
或五年或三四年

籤曰：

在愛情運勢方面，時空環境不允許，讓你非常的煩惱，心中有許多痛苦，應該要找管道發洩，讓一切能夠釋懷。若還是單身的人，追求的過程不順利，老是遇到挫折失敗，應該要反省檢討，暫時打消戀愛念頭，將精神投入其他事務。已經有對象的話，將可能因為眾多因素，感情由濃烈轉冷淡，而走上分道揚鑣一途。

第四籤　上

誰為荼苦　其甘如薺
燕爾新婚　如兄如弟

籤曰：

在愛情運勢方面，平淡的生活將產生變化，會有人闖進你的心房，讓你終始無法輕易忘懷，會有想談戀愛的感覺，若還是單身的人，要注意身旁的朋友同事，友情將有可能昇華成愛情，不要老是拒絕把腳步跨出去，已經有對象的話，跟對方的進展迅速，似乎已經互相認定，將有機會走向紅毯，彼此攜手共度一生。

第五籤　中

十畝九閒兮

桑者閒閒兮

籤曰：

在愛情運勢方面，會遇到理想的的對象，對方經濟條件不錯，應該要放下身段，給對方一次追求的機會，若還是單身的人，不要太挑剔對象條件，要懂得欣賞優點並包容對方的缺點，這樣的感情才會有進展，緣分自然而然會降臨，已經有對象的話，彼此感情穩定，沒什麼煩惱，彼此能快樂生活，到各個地方約會遊玩。

第六籤　下

夜靜水寒魚不餌

笑滿船空載明月

籤曰：

在愛情運勢方面，由於老天的捉弄，時機不是很恰當，遇到許多挫折，戀情往往無法繼續，只能當成往事回憶而已，若還是單身的人，對過去感情有留下陰影，暫時沒辦法接受新戀情，會有自我放逐的現象，只想一個人靜一靜，已經有對象的話，因為溝通不良的情況，彼此有心結產生，感情會漸漸變淡，甚至分手。

第七籤　上

意中人前人中意

無情花鳥也情痴

籤曰：

在愛情運勢方面，看見別人卿卿我我，心裡面也有所感觸，也好想被春風給圍繞，該是付諸行動的時候，若還是單身的人，時機已經快成熟，不要在懷疑等待，要像心愛的人告白，對方將會點頭答應，跟你一同陷入愛河，已

267

經有對象的話，若要增加彼此的親密，可以選擇送對方禮
物，最好能讓對方感動而難以忘懷。

第八籤　中

因荷而得藕

有杏不須梅

籤曰：

在愛情運勢方面，由於人緣相當不錯，會有朋友從中
介紹，讓你能認識許多異性，其中不乏讓你心動，而且有
感覺的對象，若還是單身的人，盡量去接觸異性，跟對方
交談聊天，不要畏縮不敢行動，才能夠獲得對方的青睞，
已經有對象的話，要懂得知足常樂，不要再另尋新歡，否
則眼前的幸福，將變成煩惱困擾。

第九籤　下

子然一身

形單影隻

籤曰：

在愛情運勢方面，很多事情讓你心煩意亂，不是談戀

愛的好時機，就算有合適對象出現，也容易卻步不前，若還是單身的人，自己太過堅持原則，戀愛的標準太高，顯得有點不切實際，應該要趕快改善，否則將交不到理想伴侶，已經有對象的話，你常忽略對方的感受，讓對方覺得沒有安全感，對方可能會選擇離開。

第十籤　上

洞房花燭夜

金榜題名時

籤曰：

在愛情運勢方面，會有雙喜臨門的現象，除了感情上順利之外，事業財運也會有收穫，讓你非常的有成就感，若還是單身的人，由於出名的關係，身邊追求者眾多，讓你不知如何挑選，需要花時間來認識，但一定能找到真愛，已經有對象的話，彼此能互相幫助、互相體諒，共創未來的夢想藍圖，是天生一對的伴侶。

第十一籤　中

有意栽花花不發

無心插柳柳成蔭

籤曰：

　　在愛情運勢方面，感情緣分是天註定，不能夠貪圖強求，只要誠心誠意付出，就算結果不盡人意，也不需要太過怨嘆，若還是單身的人，因為工作或旅遊的關係，會認識不少的異性朋友，久而久之，彼此就產生好感，而擦出愛情火花，已經有對象的話，要能夠互相包容，不要挑剔對方的不是，否則最後結局將會是分離。

第十二籤　下

伍、月下老人靈籤

　　子規半夜猶啼血
　　不信東風喚不回

籤曰：

　　在愛情運勢方面，目前不適合談感情，心思應放在別的地方，對自己會較有幫助，若還是單身的人，要小心遭受感情欺騙，對於認識不深的異性，心裡要有所警戒防範，才不會掉入對方設的陷阱，造成吃虧損失，已經有對象的話，愛情陷入尷尬的局面，中途出現第三者，雖然你試圖挽回，但復合的機會不高。

第十三籤　上

投我以木桃

報之以瓊瑤

籤曰：

在愛情運勢方面，平常就樂於助人的關係，所以在感情方面不用煩惱，會有許多人主動幫你撮合，還讓你覺得不好意思，若還是單身的人，身邊會有異性對你暗示，希望能跟你進一步進展，看在對方誠心誠意的份上，應該給對方一次機會，已經有對象的話，若真誠的善待對方，彼此的感情就會越融洽，而不會生變。

第十四籤　中

山窮水盡疑無路

柳暗花明又一村

籤曰：

在愛情運勢方面，經過多次的追求失敗，對感情傷心失望之餘，居然出現戲劇性的轉折，真愛將會降臨在身邊，若還是單身的人，若有情敵競爭的情況，千萬不要太早放棄，縱使追求過程非常辛苦，最後一定能脫穎而出，

已經有對象的話，會因為誤會而陷入冷戰中，但經過彼此
的努力挽回，終於渡過分手的危機。

第十五籤　下

驚起怯回頭　有恨無人省
寒枝不肯棲　寂寞沙洲冷

籤曰：

在愛情運勢方面，孤單寂寞的氣氛，暫時都揮之不
去，只能等待機會的降臨，若還是單身的人，會有人默默
的付出，但你卻視而不見、不理不睬，讓對方很傷心難
過，最後會選擇離開，你將失去大好機會，緣分不會再重
來，已經有對象的話，若不肯好好珍惜對方，對方將被迫
做出決定，會投向他人的懷抱當中。

第十六籤　上

踏破鐵鞋無覓處
得來全不費工夫

籤曰：

在愛情運勢方面，一切順其自然，不要特意造做，感

情緣分乃是天註定，若還是單身的人，雖然用盡心思追求戀情，卻始終沒有結果，但另外有人對你愛慕，讓你喜出望外，願意接受對方的感情，已經有對象的話，對方非常的了解你，會欣賞你的優點，也會包容你的缺點，像是你的左右手，應該要好好珍惜。

第十七籤　中

五百英雄都在此

不知誰是狀元郎

籤曰：

在愛情運勢方面，會遇到充滿才華的異性，對方會積極對你展開追求，你應該先試探對方誠意，再做出打算也不遲，若還是單身的人，許多機會將同時出現，都是你欣賞中意的類型，害得你相當煩惱為難，不知道該如何選擇，已經有對象的話，行為舉止要注意，不要特意招惹桃花，否則感情將產生變化，到時後悔莫及。

第十八籤　下

天下多負心

遇人不淑也

籤曰：

在愛情運勢方面，沒有出現理想的對象，若因此濫竽充數地交往，將會使自己情感受挫，若還是單身的人，不要輕易掉進情網，要先確定對方的心意，否則將被對方玩弄於股掌，傻傻的付出卻沒有結果。已經有對象的話，你全心全意的付出，最後換來的是欺騙，對方私下另結新歡，但會故意隱滿著你，你到最後才會知道。

第十九籤　上

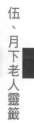

兩情若是長久時
又豈在朝朝暮暮

籤曰：

在愛情運勢方面，情緒上不是很穩定，容易受外來因素而波動，特別是男女感情方面，有衝動行事的傾向，若還是單身的人，會有一見鍾情的戀情發生，彼此會來電看對眼，而迅速成為最佳情侶，讓週遭人非常的訝異，已經有對象的話，要體諒對方的難處，對方也會將心比心，這樣感情才能融洽，而沒有任何阻礙。

第二十籤　中

君子有援琴之桃

淑女無投梭之拒

籤曰：

在愛情運勢方面，要尋找條件門當戶對的，這樣情況會比較理想，有助於談情說愛的發展，若還是單身的人，由於你散發出的魅力，會吸引身邊的異性，對你展開積極追求，讓你有點受寵若驚，一時不知道該如何反應，已經有對象的話，對方會大獻殷勤，希望獲得你的歡心，你也應該適時回報，感情將能夠長長久久。

第二十一籤　下

悲莫兮生別離

樂莫樂新相知

籤曰：

在愛情運勢方面，要懂得知足常樂，凡事不要太過挑剔，在感情上也是如此，才能夠談的開開心心，若還是單身的人，會有異性窮追猛打，希望獲得你的青睞，但對方花言巧語的背後，只是想獲得物質的滿足而已，已經有對

象的話，將會意外事件發生，彼此有可能因此分開，而承
受生離死別的痛苦，要能夠放的下才好。

第二十二籤　上

花好月圓人安樂

天下有情成眷屬

籤曰：

在愛情運勢方面，由於你眞誠的祈禱，上天像是受感
動似的，緣分將會馬上到來，會遇到理想的對象，若還是
單身的人，情人多半已經出現，要堅持追求的目標，不可
以半途而廢，就可以獲得對方首肯，彼此會成爲一對戀
人，已經有對象的話，彼此感情親密，任何事都分不開，
會攜手共度難關，而成爲神仙眷屬。

第二十三籤　中

花開堪折直須折

莫待無花空折枝

籤曰：

在愛情運勢方面，要懂得主動出擊，不要再畏畏縮

縮，有許多機會可以選擇，就該大膽的追求，若還是單身的人，對象已經出現眼前，行動上要直接了當、大膽積極，否則將被別人捷足先登，而失去談戀愛的大好機會，已經有對象的話，要懂得對方的心思，要盡量營造氣氛，展現情趣的一面，彼此感情將能夠更穩定。

第二十四籤　下

河漢清且淺　相去復幾許
盈盈一水間　脈脈不得語

籤曰：

在愛情運勢方面，由於環境變化的關係，讓你無法好好談感情，心中有無限的感嘆，卻沒有人可以體會，若還是單身的人，要衡量自己的條件，不要妄想高攀權貴，不然將遭受失敗挫折，而有自取其辱的現象，已經有對象的話，彼此各方面的差距，正逐漸在拉大當中，若不趕快溝通協調，總有一天會分道揚鑣。

第二十五籤　上

不思舊姻
求爾新婦

籤曰：

　　在愛情運勢方面，過去的種種情緣，就讓它隨風而逝，不需要繼續留戀，將有更好的緣分出現。若還是單身的人，若誠心誠意喜歡，就要去表達，而不是沉默寡言，若這樣曖昧不明，就會有變數產生。已經有對象的話，對方的心思細膩，能體諒你的想法，處處都替你著想，是個很好的幫手，這是難得的緣分。

第二十六籤　中

　　求則得之
　　捨則失之

籤曰：

　　在愛情運勢方面，當機會來臨之時，就得要考慮清楚，而不是態度冷淡，不願意積極面對，那將會失去緣分。若還是單身的人，自己要創造機會，不能夠指望別人，最好是單刀直入，讓對方知道心意，就有機會能成功。已經有對象的話，給對方一些空間，保留些許的隱私，對方會很感激你，彼此就不會為此爭吵。

第二十七籤　下

以若所為求所欲

猶如緣木求魚也

籤曰：

在愛情運勢方面，現在不合適追求，將會有很多阻礙，最好是暫時忍耐，別招惹不當桃花。若還是單身的人，由於脾氣不太好，又不懂甜言蜜語，所以讓異性討厭，而交不到男女朋友，自己要檢討才行。已經有對象的話，只顧著個人利益，不願去了解對方，那將會出現隔閡，影響感情的溝通，甚至於導致分手。

第二十八籤　上

白雲初晴

幽鳥相逐

籤曰：

在愛情運勢方面，之前一切的不如意，現在都雨過天晴，人緣漸漸的恢復，想法也變得成熟，對自己更有信心，很適合主動出擊，若還是單身的人，緣分不可以強求，但必須實際行動，而不是等待降臨，否則將大失所

望，已經有對象的話，彼此情投意合，會互相尊重意見，感情讓人家羨慕，若用心經營，就有好結果。

伍、月下老人靈籤

六、心靈小品

心靈小品的故事，除了描寫現實人生裡所發生的問題，同時也提供看法，讓人們可以反省，明白目前的處境，也可以作為借鏡並實際的運用。讓想法能夠改觀，讓自己在競爭激烈的環境，以及匆忙的生活當中，腦筋能暫時清醒，保有片刻的寧靜，在遇到挫折失敗，或是不如意的時候，可以體會其中道理，更可以在飛黃騰達或是功成名就之時，讓自己有所警覺，提醒危機的存在，不至於有所懈怠，忘記當初的辛苦。因此，每一則短文，都充滿深刻涵義，值得去細細品味。

六、心靈小品

一、純心做人

　　人必須要有朋友，若沒有朋友的話，就會覺得很孤單，失望的時候，沒有人來安慰，得意的時候，也沒有人能分享，一切的所做作為，便失去了人生意義，而沒有半點的光彩。因此要多跟人接觸，無論對方的人品如何，一定有值得我們學習或反省之處。再者，和朋友交往時，最重要的是真誠對待，不能要求別人如何對我，但卻能要求自己付出，這樣的態度並不吃虧，反而是佔到便宜呢！

二、利居人後

　　過分的追逐名利，將使人失去智慧，腦筋變得不清楚，只是一具行屍走肉，什麼理想抱負都沒有，尤其是跟人的來往，若都講求利益優先，那麼總有一天會失去朋友，甚至於被別人給出賣，特別是搶奪的時候，不擇手段

的結果，將會報應在自己身上。要知道人的慾望是無窮的，很容易淪爲物質的奴隸，沉迷其中的話，心靈將找不到自由，必須要進德修業，涵養內在的精神，境界自然就會提昇。

三、懺悔滅罪

人活在這個世界上，並不是生下來就什麼都會，而是必須不斷的學習，才能有相當的知識水準，並了解做人做事的道理，但是在過程當中，難免因爲無知的關係，必須要獨自摸索，這樣就容易犯下錯誤，或有不當的行爲舉止，讓人家批評中傷，甚至於厭惡排擠，自己會認爲受到傷害，而覺得非常的委屈，但是俗話說得好：「知錯能改、善莫大焉」，只要是眞心誠意悔改，大家就一定會接受。

四、動靜合宜

做人要懂得察言觀色，不可以肆意而爲，若老是想出鋒頭，讓別人失去光環，情況就不是很好，就好像雲端的打雷閃電，剛開始聲音很大，但光亮稍縱即逝，一下子就沒有了，根本沒辦法持久，沒有人會記得的，反過來說，

若懂得充實自我，態度謙虛為懷，處處都禮讓別人，讓對方有機會表現，那麼對方成功之時，就會來提拔自己，能省下很多的功夫，又可以交到好朋友，這樣何樂而不為呢？

五、寬以待人

對於別人的過失，必須要客觀看待，不可以因為自己的喜惡，就任意去批評別人，而講出很惡毒的話，這樣的態度不妥當，除了會傷到別人之外，自己的形象也會受損，會帶來不少的麻煩。哪天自己也犯了錯，難道你也希望別人如此對待嗎？所以當別人有了過錯，不要先公開指責，反而是私下溝通，讓對方了解道理，並鼓勵對方改過，盡量去包容對方，這就是「嚴以律己、寬以待人」的寫照。

六、淤泥不染

在池塘中開滿了無數的蓮花，這些蓮花都是由淤泥生長出的，象徵了出淤泥而不染的道理。用來比喻人生的話，就好像光明面跟黑暗面一樣，同時都出現在人的身上，有些是你無法掌握的，就如同家庭背景的好壞，教育

程度的高低，週遭環境的優劣，雖然這些不能夠如意，但是人生最後的結果，並不是因此就限制住，只要你有上進心，願意努力不懈，那麼夢想就有機會實現，擺脫原有的障礙。

七、三思而後行

凡事在進行之前，就必須要考慮清楚，否則會有很多懊惱，甚至於後悔的事情發生。就像男女之間的感情，剛開始是一見鍾情，沒有深入的了解認識，很快就迅速發展，而沒有考慮個性問題，當一切的激情過後，發生爭執吵鬧時，才在那裡埋怨不已，認為自己看錯了交往對象，但卻已經遭受到傷害。若能夠以此為教訓，當面臨事情的抉擇時刻，就要三思而後行，行事減少衝動，才不會悔不當初。

八、富貴不驕

人的際遇都不同，有人能富貴一世，生下來就好命，要什麼有什麼，從來就不曾匱乏，有人卻窮困潦倒，從小居無定所，必須要奔波勞碌，來換得三餐溫飽。若你是前者的話，就應該樂善好施，不能夠貪圖享樂，否則會敗壞

門風，遭到人家的批評，若還不知道反省，態度還咄咄逼人，就會被人家鄙視，空有富貴的虛名，卻得不到眞正的尊重，無法替後代子孫積德，相信家運不久就會沒落。

九、居安思危

當一切都很安定的時候，就要開始未雨綢繆，不要等到問題發生時，才想要來挽回補救，有時候恐怕已經太遲了，造成嚴重的打擊與損失。因爲凡事都有原因，都由小的徵兆開始，再慢慢演變成大問題，若沒有即時發現，或是預先來準備，那麼等問題形成時，任何的措施都沒用。所以當人生得意時，就要明白也有失意之時，而不要過度享樂，忘記風險的存在，必須要養精蓄銳、順勢而爲，才能夠迎接挑戰。

十、聰明反被聰明誤

人的心千變萬化，隨著環境影響的關係，就會有善惡的表現，這對於剛出社會的人，更加是一種考驗，處處都危機四伏，充滿許多的誘惑，一旦不小心的話，就會掉進陷阱裡，但由於年輕氣盛，態度總顯得自負，不願意聽老人言，認爲憑著自己的聰明，使用一些小手段，就可以迅

速成功，不會有什麼問題，但「聰明反被聰明誤」，若是目中無人，又想過河拆橋，就會得罪他人，而無後路可走。

十一、待人以禮

對於週遭的人士，我們總有主觀的想法，去評斷對方的好壞，因此會有喜惡的情緒，若對方得罪了自己，就會非常的憤怒生氣，並且做出反擊的舉動，讓對方遭受到傷害，這看起來很理所當然，沒有什麼話好講的，不過在道德修養上，這卻是很大的毛病，心裡容易自以為是，有瞧不起人的心態，久而久之，肚量就越來越小，無法去原諒別人，自己非常小心眼，人際上不協調，就很難獲得成功。

十二、自我主宰

人生命運的轉變，說穿了其實就是個性的轉變，想要改變個性的話，就要收斂自己的心，因為心是人的主宰，如果一直安定不下來，整天只想要往外面跑，受五光十色的環境影響，就容易被外物干擾，而失去公正的判斷，一旦衝動行事的話，麻煩就會接踵而來。所以平常的時候，

要練習控制情緒，遇到問題產生時，最好先冷靜下來，並想辦法來解決，若是不能夠處理，就趕快找其他人來幫忙。

十三、選擇朋友

交朋友是重要的事，會對自己產生很大的影響，必須要小心謹慎，俗話說：「近墨者黑、近朱者赤」，跟著優秀的朋友，行為舉止就會端正，而且每天都能有進步，若跟著酒肉朋友，就好像上了賊船，很容易學惡變壞，讓人家瞧不起。所以對於交朋友，心態要保持正確，首先觀察對方言行，還有對方所交的朋友，不要急著就深入認識，最好是循序漸進，比較不會被人慫恿蠱惑，而讓自己誤入歧途。

十四、保持操守

對於細微的事情，都不可以忽視，否則會引發問題，像是微小的惡行，平常不知道節制，若慢慢累積的話，總有一天會變大，很可能作奸犯科，造成嚴重的後果，特別是現在社會，物質的誘惑很多，道德觀念又薄弱，若忍受不了衝動，可能就會從事犯罪，毀掉未來的前途。所以要

六、心靈小品

保持操守，對於不正當的事，就要嚴厲拒絕，更要時時警惕自己，不要同流合污，免得到時候出事，被人給拖下水。

十五、衡量實際

生活享受要花費金錢，所以才要努力去賺取金錢，但凡事要適可而止，不可以太過勉強，如果本身收入有限，就應該稍微節制，不可以為了享受，提前透支了薪水，最後只會造成負擔，承受債務的煩惱，享受過後只會更痛苦，而沒辦法擺脫困境。反過來說，就算自己很富裕，也不能奢侈浪費，不要以為這樣沒關係，沉迷物質的享受，只會使人更墮落，失去上進的精神，因此要衡量實際，就不會出現問題。

十六、把握光陰

人生在世的時間，不過短短的百年，若不趁年輕的時候，趕快積極奮發向上，多讀一點知識，多學一些技藝，等到時間一分一秒過去，就會有許多煩惱不停出現在身旁，讓你沒辦法分心，隨著年齡的增加，體力又漸漸流失，若基礎不是很穩固，想要成功就更難了。因此要懂得

把握光陰，設定自我的目標，按部就班的實行，就容易看見成果；相反的，若一直好高騖遠、做白日夢，那是徒勞無功的。

十七、集中精神

處理事情的時候，最怕的就是分心，一分心問題就不能順利解決，還可能一直拖延下去，浪費更多的時間跟精神。所以要集中精神，心思盡量不分散，尤其是讀書考試時，這樣子才容易專心，吸收狀況會比較好，自然就有好的成績，若是一心二用，甚至於多用，又想唸書、又想玩樂或是其他事情，就顯得心猿意馬，沒辦法腳踏實地，那基礎就無法紮實，到頭來是一無所獲，也就很難功成名就。

十八、相由心生

心地善良的人，面貌自然和藹可親，一舉一動會受人家歡迎，人際關係自然就好，而心地邪惡的人，面貌奸詐氣質怪異，開口講話就讓人厭惡，人際關係就很糟糕，這便是相由心生的道理。一般人心中善惡的想法，除了表現在臉上外，行為舉止也會透露，所以平常就要注意，不要

特意去做壞事，否則將無所遁形；反之，若是一直做好事，臉色就會變和善，人家就願意親近，就會保持好運氣。

十九、猜忌招禍

　　人跟人相處之時，最重要的是信任，這是一切的基礎，若少了信任的話，就沒有辦法溝通，也就不能夠合作，什麼事也做不成；能夠破壞信任的東西，就叫做猜忌。猜忌讓人失去理性，忘記原有的感情，像是兩個好朋友，中間若出現猜忌，很可能就反目成仇，造成不好的結果，一對甜蜜的情侶，彼此若互相猜忌，很快起口角衝突，最後就分手收場，可見猜忌會帶來禍端，所以要保持眞心誠意才是。

二十、施恩不忘報

　　人是感情的動物，也正因爲如此，所以才能互相幫助，過著團體的生活，若是忘記了這點，只爲了利益而活，那就失去做人的根本。古人曾告誡說：「受人點滴之恩，當湧泉以報」，如果人家對我們有恩惠，就必須要牢牢記住，未來一定要懂得回報，這就是一個好的循環；若

是跟別人結怨，卻一直不肯忘掉，心中將充滿仇恨，行事作風就容易偏激，最後的結果，只會造成雙方兩敗俱傷而已。

二十一、行善積德

　　若是真正做善事的人，就不會去計較名分，只會盡自己力量，默默來服務大眾，而不想要對方回報，或是獲得什麼好處，在別人眼中看起來，這是很吃虧的事情，但深入思考，便會發現其中奧妙，就如同佛家所講的一樣，種善因的人，自然得到善果，尤其是施恩不忘報，也不要求利益，無形中累積的功德，遠比那些喜歡炫耀，強調自己善行的人，都還要來得廣大，這才是真正的行善積德。

二十二、惡人讀書

　　讀書可以轉變氣質，讓人能夠脫胎換骨，知曉做人處世的道理，因此是一件好事情，每個人都應該接受教育，才能夠培養德性，但俗話說得好：「水能夠載舟，也能夠覆舟」。知識只是工具而已，好壞全憑一念之間，若是用在好的地方，自然可以造福人群，發揮出正面的功效，若是用在壞的地方，就會產生極大危害，像是智慧型的犯

罪，就是心術不正的人，將學問給用偏了，必須要注意才好。

二十三、簡單生活

人的慾望像是無底洞，本來就沒辦法填平，若不停的追逐金錢，沉迷物質享受的話，胃口就會越來越大，直到最後無法滿足，就很容易脫離正軌，為了私慾不擇手段，做出違法亂紀的事情，影響別人的自由及安全。因此要學習勤儉，多閱讀心靈書籍，或是去接近宗教，才能夠避免誘惑，現在社會的人，常怨嘆生活不快樂，其實是要求太多、煩惱太多，若能簡單過日子，生活就顯得逍遙自在。

二十四、深刻體會

讀書真正的涵義，並不只是表面的文字，必須要深入思考，並且實際去操作，有了人生經歷，才能夠有所體會，就是真正的學問。若只是依照文字，不願意身體力行，就好像空口說白話，沒有任何的意義；如同做官的人，不替百姓著想，卻只會耍嘴皮子，那就是紙上談兵，無法有什麼成就，不但人家不敬佩，還會在背後批評，很

快就會失去民心，也失去做官的機會。

二十五、眞實性情

在社會的染缸中，人們失去原本的天眞無邪，變得非常奸詐、很會算計，人跟人之間只剩利益，其他就沒什麼好談，這是因爲現實環境，將人的思想給封閉，帶著虛僞的面具，特別是燈紅酒綠，更加速德性的敗壞，涉世越深的話，越是麻木不仁，對人事物的判斷，沒辦法產生感動，只剩冰冷的軀殼，沒有熱情的靈魂，所以要反省自我，掃除心靈的障礙，恢復眞實的性情，社會才不會冷漠。

二十六、苦中尋樂

現在人的壓力很大，很不容易放鬆心情，情緒非常緊繃，心裡老是覺得鬱悶，但又沒有辦法紓解，其實是觀念的緣故，因爲急著想解決問題，就越是想不到方法，反而更加煩惱；反之，若暫時拋開一切，放下手邊的事務，讓自己獲得寧靜，沉浸在自然環境，或是聆聽古典樂，就能夠轉換心情，發現另一個天地，對於事情的看法，就不會走向極端，而懂得中庸調和，不至於陷入困境。

二十七、大巧似拙

　　古人說：「大智若愚、大巧若拙」，眞正有智慧的人，看起來相當愚笨，當他運用聰明才智，一般人是看不出的，這就是境界的展現。反觀現在的人，爲了虛妄的名聲，拚命的積極爭取，但卻是在炫耀自己，希望獲得別人的肯定，才覺得付出是值得的，但其實會招來忌妒，無形中增加了困擾；而有智慧的人，根本不想去計較，不管別人的看法，只堅持自我原則，替大衆來謀福利，不會被名分拖累。

二十八、滿招損、謙受益

　　由於容器是中空的，裡面才能夠裝滿水，撲滿中間也是空的，就可以來容納硬幣，這就是謙虛的用處，但凡事物極必反，若是太過謙虛，就變得很虛僞，也不會受人歡迎。做人若太招搖，以爲自己了不起，就像是裝水的容器，水裝太多而滿出來，很容易就會被翻覆，對應在人際關係，就是太過出風頭，而遭受他人毀謗，帶來許多的糾紛，最後卻下不了台，因此要知足常樂，就不會惹禍上身。

二十九、勿自欺欺人

功利主義的影響下，人們都變得貪婪，凡事不按部就班，總是想一步登天，不想要耐心等待，但結果事與願違，嘗到失敗挫折，顯得十分的狼狽。這就是因為缺乏基礎，又沒有真才實學，以為可以跟人競爭，其實是在自欺欺人，在別人面前裝博學，很喜歡去指揮別人，但面對自己的時候，會覺得相當的心虛，時常活在恐懼中，害怕被人家拆穿，因此最好還是實事求是，才能夠經得起考驗。

三十、心地光明

一個人誰都能欺騙，向人編織動人的謊言，但只有對自己沒用，虛偽只能給別人看。若心有邪念的人，也許剛開始很順利，可以去欺騙別人，獲得別人的肯定，甚至於同情的付出，但終究會露出馬腳，被人家給看破手腳，下場就非常的淒慘；反觀心地光明的人，也許會遇上挫折，但由於念頭純正，一定會克服難關，贏得別人的友誼，各方面都很順利，所以古人說心地光明的人，就算身處暗室也不會害怕。

三十一、勿羨慕他人

　　人們對於沒有的東西，都想要拚命去爭取，像是名聲、地位或是榮華富貴，無所不用其極的手段，往往會令人目瞪口呆，但對於身邊的人事物，卻往往不懂得珍惜，一直等到失去之後，才後悔不已，這是心態有所偏差，不懂得知足的緣故，總認為別人的東西比較好，外國的月亮比較圓，其實每個人都是獨特的，上天都給了很珍貴的禮物，只是看你有沒有用心體會，要靠自己慢慢去發掘。

三十二、天有不測風雲

　　人的命運變化多端的，很難完全去掌握，就像俗話所說的「天有不測風雲、人有旦夕禍福」，因此努力不懈的人，不一定就能夠順利，反而會遭遇到挫折，經歷更多的磨難，而游手好閒的人，搞不好就心存僥倖，卻能有意外的收穫，讓人覺得很不公平，但這僅是表面的差異，並不是背後的真相，也許有人天生好運，但卻無法一直持續，若不懂得珍惜把握，總有一天還是會失敗，變得潦倒。

三十三、偏激惹禍

不同人有不同個性，雖然不能說好壞，但是其中的差異，還是有很大影響。像是個性溫和的人，就不太會去計較，願意拿出東西來，一起跟朋友分享，自然就獲得友誼，別人也就會回報；反之，個性偏激的人，對任何事都很在意，顯得很小氣吝嗇，又常常忌妒別人，引起不少的糾紛，心裡像是有把火，不停地燃燒，讓人家不敢親近，看了就覺得討厭，很容易就身陷孤單，成為一個失敗者。

三十四、笑口常開

　　若覺得最近諸事不順、運氣不佳，心情顯得很鬱悶，那一定是你欠缺笑容，因為笑口常開的人，隨時都充滿了福氣，就算遇到不好的事，也能順利度過難關；反之，若整天愁眉苦臉的，哪怕是再好的事情，也很容易有所改變，最後得到壞的結果。雖然吉凶禍福無法預測，但只要保持喜悅的神情，就可以招來週遭福氣，所有美好的事物都將圍繞在身旁，這是人可以把握的，也是遠離災禍的不二法門。

三十五、謹言慎行

　　古人常講：「言多必失」，意思是多嘴的人，在該講

話的時候，不站出來說好話，反而在不該講的時候，說了一大堆廢話，甚至是得罪人的話，因此讓人家覺得厭惡，自己也招來麻煩。所以懂得察言觀色，是做人基本的道理，特別是在公開場合，一切的行為舉止，都必須謹言慎行，否則被人家抓到把柄，恐怕就很難翻身，寧願保持沉默，也不要多說話，盡量不要出鋒頭，就不會成為眾矢之的。

三十六、和氣福厚

天地四季的變化，除了自然景觀的改變，也有值得我們效法的地方，像是春夏時節，一切都欣欣向榮，就像人充滿笑容，凡事都抱持熱情，不但不會去排斥他人，還願意幫忙對方，大家相處很愉快；反之，若是秋冬時節，天寒地凍的景象，沒有任何的生機，就像人漠不關心，個個自掃門前雪，處處都警戒提防，深怕讓人佔便宜，彼此不願意溝通。所以要效法春夏的精神，人間才會處處有溫情。

三十七、寬闊大道

人因為有各種貪念，所以想法很執著，總是不願意放

下，所以無論走到哪都很辛苦，因為心胸越來越狹窄，人生道路也跟著狹窄，心情往往苦悶，像是被人關在牢籠裡。但是嚮往天理的人，由於自己沒有私心，懂得去幫助他人，貢獻自己的心力，隨著時間的累積，心胸會越來越開闊，眼前是一片光明，看見的都是大道，覺得人生很逍遙，沒有任何的拘束。因此人要除卻貪念，才不會掉進深淵。

三十八、磨鍊造福

人生如果缺乏了磨鍊，就算本質再怎麼優秀，也都沒辦法成為人才，更不可能抓住成功，就像寶石不經琢磨，縱使本身很有價值，沒有師傅的雕刻，也無法光彩奪目。如同學問的涵養、知識的累積，並不是一蹴可及，是必須經過長久的努力，才有可能開花結果，所以古人說：「十年寒窗無人問、一舉成名天下知」，只要願意去付出，認真的研究學問，自然會獲得代價，也才懂得珍惜得來不易的成果。

三十九、雅量容人

做人處世很重要，就像是人的衣服，如果穿著不得

體，就會被人家恥笑，若打扮得宜，無論你走到哪裡，都會受人家的敬重。而其中的關鍵，就是有沒有雅量。一個有雅量的人，會懂得判斷情勢，替別人深入著想，不會因為自己的喜惡，就去批評別人的不是，外在表現很謙遜，而不會自視甚高，別人雖然有小惡，但願意去包容，先順應對方的習性，再想辦法私下規勸，就容易得到友誼。

四十、安逸怠惰

佛家故事說：「太鬆的弦，彈不出聲；太緊的弦，就容易斷」，這個故事告訴我們，凡事要中庸之道，才會有良好的結果。人的心也是如此，如果整天忙碌，沒有辦法放鬆，就會神經緊繃，最後就百病纏身，這不是理想的情況；反過來說，若是安逸怠惰，常常做白日夢，不去發憤圖強，下場將窮困潦倒，也不是大家希望的。所以要明白自己，優點就好好發揮，缺點就盡量改進，就是中庸的表現。

四十一、萬劫不復

貪婪是人性最大的敵人，只要有這個念頭出現，道德就很容易動搖，智慧也變得相當昏沉，一不小心就會犯

錯，一失足而成千古恨。尤其現今的教育，都要人追逐功利，迅速得到成就，往往不考慮後果以及付出的代價，所以才造成社會動盪不安，到處暗藏犯罪的溫床，到頭來受害最深的，還是人們自己。道德經說：「知足不辱、知止不殆、可以長久」，可見只有知足，才不會萬劫不復。

四十二、聲色犬馬

人是感官的動物，對外界的各種刺激，反應是非常敏感的，就像在小的時候，受家庭環境的影響，塑造出不同的人格，若沒有好好去管教，很容易就會學壞，做偷雞摸狗的事，嚴重的話，以後就變成社會的邊緣人，只為了金錢而生存，縱情於聲色犬馬，而不知道求上進，失去善良的本性。因此要看清楚誘惑，選擇適當的環境，才不會迷失自我，對壞事引以為誡，時時的反省檢討，才能確保平安。

四十三、創業惟艱

天下沒有白吃的午餐，要成就任何的事情，都必須先付出，然後才能夠有收穫。創業的精神更是如此，古人常

說：「吃的苦中苦，方為人上人」，意思是說經過苦難的折磨，心智才會成熟穩重，就有機會出人頭地，又說：「守成不易、創業惟艱」，就是剛開始辛苦，只不過是個過程，真正困難的地方，是在達到目標之後，如何保持當初的理想，以及心中那份熱情，這才是創業惟艱的意義。

國家圖書館出版品預行編目資料

靈籤聖卦，這本最好用／陳哲毅著.
－－初版－－ 台北市：知青頻道 出版；
紅螞蟻圖書發行，2006〔民 95〕
面　　　公分，－－(Easy Quick : 64)
ISBN 957-0491-65-5 (平裝附光碟片)

1.籤詩
292.7　　　　　　　　　　95004501

Easy Quick 64

靈籤聖卦，這本最好用

作　　　者／陳哲毅
發 行 人／賴秀珍
榮譽總監／張錦基
總 編 輯／何南輝
特約編輯／呂思樺
美術編輯／林美琪
出　　　版／知青頻道出版有限公司
發　　　行／紅螞蟻圖書有限公司
地　　　址／台北市內湖區舊宗路二段121巷28號4F
網　　　站／www.e-redant.com
郵撥帳號／1604621-1　紅螞蟻圖書有限公司
電　　　話／(02)2795-3656（代表號）
傳　　　眞／(02)2795-4100
登 記 證／局版北市業字第796號
法律顧問／許晏賓律師
印 刷 廠／鴻運彩色印刷有限公司
電　　　話／(02)2985-8985・2989-5345
出版日期／2006年4月　第一版第一刷

定價 300 元